BERNHARD LEITNER
DIE RETTUNG DES WITTGENSTEIN HAUSES IN WIEN VOR DEM ABBRUCH
EINE DOKUMENATION 06/1969–21/06/1971

SAVING THE WITTGENSTEIN HOUSE VIENNA FROM DEMOLITION
A DOCUMENTATION 06/1969–21/06/1971

 AMBRA |V

THE INCEPTION

In October 1968, I moved from Vienna to New York. In spring 1969, I met Annette Michelson, an art critic, professor of cinema studies at New York University and contributing editor of the then leading art journal *ARTFORUM*. In June 1969, we discussed Viennese modernism and its dual talents: Schönberg and Kokoschka. In this context, I mentioned the building that Ludwig Wittgenstein had constructed in the twenties. There was great interest for Wittgenstein in the New York art scene. Annette Michelson, who was both amazed and curious, asked me to write an article with photographs on the Wittgenstein House for *ARTFORUM*. This marked the beginning of my efforts to save the Wittgenstein House. What no one in New York or Vienna knew: Dr. Thomas Stonborough, the son of Wittgenstein's sister Margarethe, heir and owner of the house, had already at that time decided that he "had" to sell the house.

Both experts and the public knew nothing about the inside of the house. The owner regarded his house as his private business over which he wanted to deal with as he wished. He did not want to give strangers access to the house and he did not want the house declared a national monument.

At my instigation, Thomas Stonborough allowed me to tour the house and to publish in New York, but not in Vienna, an article with photographs of the interior of the house. It was from New York that all efforts originated over the next two decisive years to save the Wittgenstein House from demolition.

DER AUFTRAG 1

Im Oktober 1968 übersiedelte ich von Wien nach New York. Im Frühjahr 1969 lernte ich Annette Michelson kennen, Kunstkritikerin, Professorin für cinema studies an der New York University und contributing editor der damals führenden Kunstzeitschrift *ARTFORUM*. Im Juni 1969 sprachen wir über die Wiener Moderne und deren Doppelbegabungen: Schönberg und Kokoschka. Ich erwähnte den Bau, den Ludwig Wittgenstein in den zwanziger Jahren in Wien ausgeführt hatte. In der New Yorker Kunstszene war das Interesse an Wittgenstein sehr groß. Erstaunt und neugierig lud Annette Michelson mich ein, einen Artikel mit Fotos über die Architektur von Ludwig Wittgenstein im *ARTFORUM* zu publizieren. Damit beginnt die Rettung des Hauses Wittgenstein. Denn was niemand in New York oder Wien wusste: Dr. Thomas Stonborough, Erbe und Eigentümer des Hauses, hatte sich zu dieser Zeit bereits entschieden, das Haus verkaufen „zu müssen".

Das Innere des Hauses war der Fachwelt wie der Öffentlichkeit so gut wie unbekannt. Der Eigentümer betrachtete das Haus als seine Privatangelegenheit, über die er frei verfügen wollte. Fremde Einblicke oder ein Schutz des Hauses im Interesse der Öffentlichkeit waren nicht erwünscht.

Dennoch erlaubte mir Thomas Stonborough, das Haus zu besichtigen und einen Artikel mit Fotos vom Inneren des Hauses in New York zu veröffentlichen. Unter keinen Umständen aber in Wien. Von New York aus wird in den nächsten zwei Jahren, in den entscheidenden Jahren die Rettung des Hauses Wittgenstein vor dem Abbruch betrieben und gelenkt.

Wittgenstein Haus, Salon 1969 Wittgenstein House, Salon 1969

THE VISIT

On July 15, 1969 I met Thomas Stonborough at the house on Kundmanngasse 19. With his permission I took five or six photographs in his presence: not enough to attract attention to the architectural quality of the building. From today's perspective it is hardly conceivable that the building was literally unknown. Heinrich Postl, a servant employed in the house since 1928, mentioned to me on leaving that I could come again the next day in the afternoon to take more photographs. At this time Mr. Thomas Stonborough would be absent. Thus, the first photographic documentation of the Wittgenstein House materialized within a few hours on July 16, 1969.

During this visit on July 15, the "collaboration" with Thomas Stonborough to save the building began. An ambivalent, unconscious collaboration that was ultimately unintended. In conversations and, most significantly, in the six letters he wrote me between December 1969 and July 1970, he openly informed me of his intentions. Without these letters, the Wittgenstein House would no longer exist.

Thomas Stonborough wanted to sell the house; it was too large for him to manage. Moreover, he was not really fond of it. He allowed me to promote interest in the house in the United States, perhaps so as to find an institution that would be interested in buying the building. In the fall of 1969, I repeatedly talked about the house with Ada Louise Huxtable, architectural critic of the New York Times. But how could one sell something that no one knows?

Am 15. Juli 1969 traf ich Thomas Stonborough im Haus Kundmanngasse 19. Mit seiner Erlaubnis und in seiner Anwesenheit mache ich 5 oder 6 Fotos: zu wenig, um auf die Qualität dieser Architektur aufmerksam zu machen. Aus heutiger Sicht ist es kaum mehr nachzuvollziehen, dass der Bau unbekannt und unerkannt war. Der Diener Postl sagte beim Weggehen, ich könne am nächsten Tag nachmittags wiederkommen, um das – zu dieser Zeit herrenlose – Haus ausführlicher fotografisch zu vermessen. So entstand am 16. Juli 1969 die in wenigen Stunden durchgeführte erste Foto-Dokumentation des Hauses Wittgenstein.

Mit dem Besuch am 15. Juli begann die psychologisch höchst merkwürdige, zwiespältige, vielleicht unterbewusste, letztlich aber ungewollte Mitarbeit von Thomas Stonborough an der Rettung des Hauses. In Gesprächen und vor allem in den sechs Briefen zwischen Dezember 1969 und Juli 1970 informierte er mich offen über seine Absichten. Ohne diese Briefe würde das Haus Wittgenstein nicht mehr existieren.

Thomas Stonborough wollte das Haus verkaufen. Er erlaubte mir, in den USA Interesse an dem Haus zu wecken, um so vielleicht eine am Kauf interessierte Institution zu finden. Im Herbst 1969 hatte ich diesbezüglich mehrfach Kontakt mit Ada Louise Huxtable, Architekturhistorikerin und Architekturkritikerin der New York Times. Aber wie kann man etwas verkaufen, was niemand kennt?

Eingang Kundmanngasse Entrance Kundmanngasse, 1969

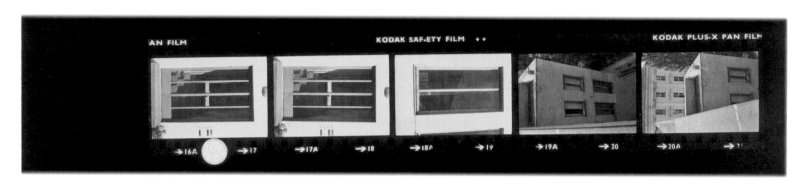

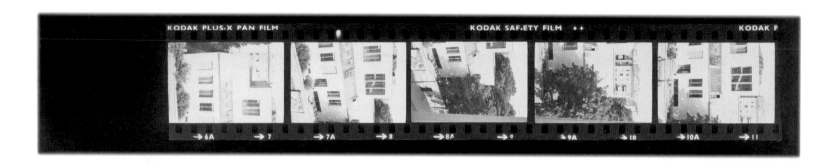

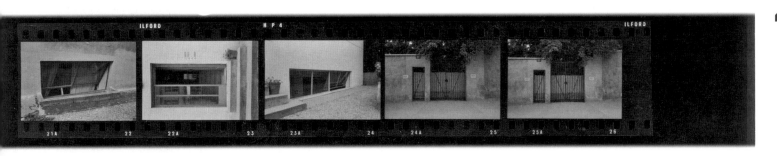

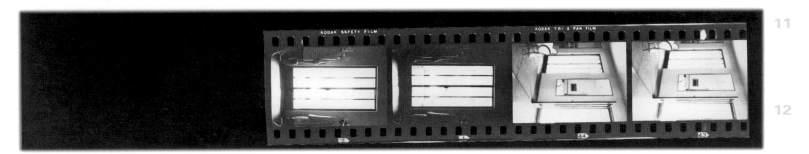

Haupteingang Main Entrance, 1969

Zufahrt von der Kundmanngasse mit der SW-Terrasse Access road from Kundmanngasse with southwest terrace, 1969

Familieneingang Kundmanngasse Family entrance door Kundmanngasse, 1969

Obergeschoss, Badezimmer Upper floor, bathroom, 1969

Salon. Metalltüre
Griff, Schloss und Angel, 1969 (zerstört 1976)
Salon. Metal door
Handle, lock and hinge, 1969 (destroyed 1976)

THE ARTICLE

As agreed, in November of 1969 I sent my *ARTFORUM* text to Thomas Stonborough so that he could check it. I had learned the historical facts from my talks with him. He was in complete agreement with my architectural analysis of the building.

Letter 1 (December 2, 1969): "Thank you very much for your letter of November 17 and the copy of the article you wrote about the house. I find it excellent… It is good to hear that there is quite a lot of interest shown in New York for my uncle's house." The final sentence, however, was extremely disturbing: "I personally would prefer if we could sell the house to an institution that would maintain the building instead of having to sell it here, in which case it would certainly be demolished."

My article, "Wittgenstein's Architecture," appeared in *ARTFORUM* (pp. 59–61) in February 1970 with fourteen selected photographs—from the hallway to the door handle—and exact descriptions. Thus, the international public was informed for the first time about the unique architectural significance of the interior spaces of the main floor.

Before the article appeared, I received letter 2 (January 22, 1970): "At the bottom of my heart I am rather pessimistic that your attempt to save the building will be able to help the patient in time, but you never know. The application for rezoning of the building site has already been submitted." The process was already under way.

Pleased about my article and my efforts, he wrote me letter 3 (February 16, 1970): "I cannot even tell you what it would mean to me if you could find a buyer for this building. I will have to sell it, but I would forever have a bitter aftertaste if the building was sold to someone who would not maintain the building and have it torn down. Almost like a bird which soils its nest."

These efforts were intensified:

January 21, 1970: First interview with Dr. Gleissner, Austrian Consul General in New York.

February 13, 1970: Letter to Dr. Gleissner, describing the most recent development. The lack of interest and understanding displayed by other official representatives of Austria in New York was disheartening.

On February 22, 1970 the *New York Times* published a long commentary referring to my *ARTFORUM* article. In the article titled "Rescue," an appeal was made to save the building: "… now there is a one-man movement afoot to save the single house. The movement is Bernhard Leitner, a young Austrian architect, over here on a stint with the city's Office of Midtown Planning and Development… Declaring that 'immediate acquisition is the only way to preserve this unique monument,' Leitner suggests that it could be used by a university or an international center. 'The prestige of the philosopher and architect Ludwig Wittgenstein will reflect on any future owner,' he holds…"

ARTFORUM, March 1970: "I would like to add an urgent postscript to my article 'Wittgenstein's Architecture,' because there is a very real and present threat that the building will be destroyed …" This update had not been agreed upon with Thomas Stonborough.

3

Wie vereinbart schickte ich Thomas Stonborough im November 1969 meinen *ARTFORUM*-Text zur Kontrolle. Die sachlichen Aspekte stammten aus den Gesprächen mit ihm. Meine architektur-kritischen Bemerkungen zu dieser Baukunst fanden seine volle Zustimmung.

Brief 1 (2.12.69): „Danke sehr für Ihren Brief vom 17. November und der Copie des Artikels, welchen Sie über das Haus geschrieben haben. Er gefällt mir außerordentlich! … Es ist erfreulich zu hören, dass Sie meinen, das Interesse am Hause meines Onkels sei in New York ziemlich wach." Höchst alarmierend aber der letzte Satz: „Mir persönlich wäre es so sehr viel angenehmer, wenn wir das Haus an eine Institution veräussern könnten, welche es als Bau erhält, anstatt es hier verkaufen zu müssen, wobei es zweifellos abgerissen würde."

Mein Artikel „Wittgenstein's Architecture" erschien im *ARTFORUM*, Februar 1970 (S. 59–61). Dazu 14 ausgewählte Fotos – von der Halle bis zum Türgriff – mit genauer Beschreibung. Damit wurde die internationale Öffentlichkeit über die Einzigartigkeit und baukünstlerische Bedeutung der zentralen Raumgestalt zum ersten Mal informiert.

Noch vor Erscheinen des Artikles erhielt ich Brief 2 (22.1.1970). „Im Grunde meiner Seele bin ich recht pessimistisch, dass Ihre Rettungsaktion noch rechtzeitig den Patienten schützen wird, aber man kann nie wissen. Das Gesuch zur Umwidmung ist schon eingereicht worden." Der Prozess lief bereits.

Erfreut über meinen Artikel und meine Bemühungen erhielt ich Brief 3 (16.2.1970): „Ich kann Ihnen gar nicht sagen, was es mir bedeuten würde, wenn Sie mir einen Käufer für den Besitz finden könnten, denn verkaufen werde ich es müssen, aber ich hätte immer einen bitteren Nachgeschmack, wenn es an jemanden ginge, welcher es nicht erhalten, sondern abreissen würde. Fast wie ein Vogel, der sein Nest beschmutzt."

Diese Bemühungen werden verstärkt:

21.1.70 Vorsprache bei Dr. Gleissner, österreichischer Generalkonsul in New York.

13.2.1970 Brief von mir an Dr. Gleissner mit Hinweisen auf die neue Situation. Das Fotomaterial zum Haus Wittgenstein zeige ich auch anderen offiziellen Vertretern der Republik Österreich in New York. Der diplomatische Kultur-Seufzer „Wenn's nur ein Barockschlößl wär' –" spiegelte ernüchternd die Interesselosigkeit und das Unverständnis wider.

Am 22.2.1970 bringt die *New York Times* einen ausführlichen Beitrag mit Informationen des *ARTFORUM*-Artikels. Unter dem Titel „Rescue" wurde für die Rettung plädiert „… now there is a one-man movement afoot to save the single house. The movement is Bernhard Leitner, a young Austrian architect over here on a stint with the city's Office of Midtown Planning and Development… Declaring that ‚immediate acquisition is the only way to preserve this unique monument', Leitner suggests that it could be used by a university or an international center. ‚The prestige of the philosopher and architect Ludwig Wittgenstein will reflect on any future owner', he holds…"

ARTFORUM, März 1970: „… I would like to add an urgent postscript to my article ‘Wittgenstein's Architecture,' because there is a very real and present threat that the building will be destroyed." Es folgte eine Beschreibung, die nicht mit Thomas Stonborough abgestimmt worden war.

VIENNA III., KUNDMANNGASSE 19
TEL.: 73 16 19

2 December 1969.

Dear Mr. Leitner,

Thank you for your letter of 17 November and the copy of the article you wrote about the house. It pleased me immensely!

I should like to see two items changed regarding the facts of the situation:

1) In the first sentence it would be better to say "built in 1926 and '27" instead of "1926 until 1928". We actually moved into the house in summer 1927, as far as I can remember.

2) In the fourth paragraph of the first page you say: "on the plot of land measuring 2000m². You should say: "a plot of land measuring 3000m² – the actual size is around 3200. These are facts, as said. You might also add in the first paragraph of the second page: "Apartment for the man of the house, also guest room, servant's room and office." This would be more all-inclusive but not absolutely necessary.

We would be very pleased to see you if you come to Vienna in December and find the time to make a date with us.

It is indeed good to hear that you think there is in New York quite a lively interest in my uncle's house. I myself would find it much more gratifying if we could sell the house to an institution that would preserve it as a building, instead of having to sell it here, when it would without doubt be demolished.

Kindest regards,

Thomas Stonborough

WIEN III., KUNDMANNGASSE 19
TEL.: 73 16 19   2 Dezember 1969.

Lieber Herr Leitner,

Danke sehr für Ihren Brief vom 17ten November und der Copie des Artikels, welchen Sie über das Haus geschrieben haben. Er gefällt mir ausserordentlich!

Ich hätte gerne zwei Angaben über Tatsachen geändert gesehen:

1) Im ersten Satz wäre es besser zu sagen "baute 1926 und 27" anstatt von "1926 bis 1928". Wir sind nämlich im Sommer 1927 eingezogen soweit ich mich erinnere.

2) Im vierten Paragraphen auf der ersten Seite sagen Sie:"auf dem 2000m grossen Grundstück" Sie sollten sagen:"3000m grossen Grundstück" denn es sind 3200 circa. Das sind wie gesagt Fakten. Man könnte noch dazusagen im ersten Paragraphen der zweiten Seite:" Wohnung des Herrn sowie Gästezimmer, Dienerzimmer und Büro." Dies wäre umfassender aber nicht unbedingt nötig.

Wir werden uns sehr freuen Sie bei uns zu sehen, falls Sie im Dezember nach Wien kommen und Zeit haben sich bei uns zu melden.

Es ist erfreulich zu hören, dass Sie meinen das Interesse am Hause meines Onkels sei in New York ziemlich wach. Mir persöhnlich wäre es so sehr viel angenehmer, wenn wir das Haus an eine Institution veräussern könnten, welche es als Bau erhält, anstatt es hier verkaufen zu müssen, wobei es zweifellos abgerissen würde.

Mit freundlichen Grüssen

54 West 12 Street
New York, N.Y. 10011

17-1-1970.

Sehr geehrter Herr Dr.Stoneborough,

mein Wittgenstein-Artikel wird im Februarheft des "Artforum" mit 15 Abbildungen erscheinen.Diese Avantgardezeitschrift liegt an allen entscheidenden Orten hier auf.Ich hoffe,dass diese Publikation fuer die Frage der Zukunft des Baues wertvoll ist.Ich erzaehlte dem Herausgeber von der Moeglichkeit,Problematik und Tragweite eines Verkaufes.Er will im Maerzheft einen Brief von mir drucken,dessen Konzept ich Ihnen sende.Dieser Brief scheint mir notwendig,um -wenn ueberhaupt,so bald-moegliche Interessenten aufmerksam zu machen.Von 5 Jahren Spielraum ist ja inzwischen nicht mehr die Rede.

Der Artikel wird im Maerz in der Hamburger ZEIT erscheinen.Ein kurzer Vorsatz ueber die delikate Frage der Erhaltung des Baues ist rein journalistisch ein "guter Aufhaenger";er wird aber den Artikel in ein anderes Licht ruecken,und zwar ins richtige:es ist notwendig,dass eine so bedeutende,einmalige architektonische Schoepfung sinnvoll erhalten wird.
Bitte lassen Sie mich wissen,was Sie ueber ddn Nachsatz beziehungsweise Vorsatz denken.Mit freundlichen Gruessen

WIEN III., KUNDMANNGASSE 19
TEL.: 73 16 19

22 Jänner 1970.

Sehr geehrter Herr Leitner,

Danke sehr herzlich für Ihren netten Brief, für das "mentioning" des Hauses in der Zeitschrift, in welcher Ihr Artikel erscheinen wird. Im Grunde meiner Seele bin ich recht pessimistisch, dass Ihre Rettungsaktion noch rechtzeitig den Patienten schützen wird, aber man kann nie wissen. Das Gesuch zur Umwidmung ist schon eingereicht worden.

Mit der Formulierung bin ich ganz einverstanden. Everything OK so far as I am concerned.

Ich habe mich sehr gefreut wieder mit Ihnen einen Plausch gehabt zu haben und hoffe, dass wir wieder zusammenkommen können, wenn Sie das nächste Mal herüberkommen. können Vergessen Sie nicht mir eine Kopie Ihres Artikels im Artforum zu schicken.

Mit herzlichen Grüssen
Ihr
Tom Stonborough

54 West 12 Street
New York, N.Y. 10011

17-1-1970

Dear Dr Stonborough,

My Wittgenstein article will appear in the February issue of *ART-FORUM* with 15 photographs. This avant-garde magazine is available here in all the relevant outlets. I hope this publication will be of value for the question of the building's future. I told the editor of the possibility, problems and consequences of a sale. He is going to print a letter of mine in the March issue, the concept of which I am sending you. This letter seems to me to be very necessary in order if at all, to draw the attention of potential buyers as soon as possible. A time frame of 5 years is no longer realistic.

The article will be published in the Hamburg newspaper *DIE ZEIT* in March. A short foreword on the delicate question of the preservation of the building is a "good" ploy purely from the journalistic point of view; but it will put the article in a different light, namely the proper one: it is necessary and of great significance to preserve such an important, unique architectural creation.

Please let me know what you think about the postscript respectively the introduction. Best regards

(Bernhard Leitner)

VIENNA III, KUNDMANNGASSE 19
TEL.: 73 16 1 9

22 January 1970.

Dear Mr. Leitner,

Thank you very much for your kind letter, for "mentioning" the house in the magazine in which your article will appear. At the bottom of my heart I am rather pessimistic that that your attempt to save the building will be able to help the patient in time, but you never know. The application for rezoning of the building site has already been submitted.

I agree entirely with the formulation. Everything OK so far as I am concerned.

It was delightful to have a chat with you again, and I hope we can meet once more the next time you come over. Don't forget to send me a copy of your article in *ARTFORUM*.

Kindest regards,

Thomas Stonborough

ARTFORUM, Februar 1970

WITTGENSTEINS ARCHITEKTUR

Bernhard Leitner

Der Philosoph Ludwig Wittgenstein baute von 1926 bis 1928 in Wien ein herrschaftliches Wohnhaus. Nicht für sich selbst, sondern für eine seiner Schwestern. Margarethe Stonborough-Wittgenstein wollte mit diesem Bauauftrag ihrem Bruder helfen, die Krise zu überwinden, in der er sich seit dem Ersten Weltkrieg befand. Bauen als Therapie.

Zwei Jahre lang beschäftigte sich Wittgenstein ausschließlich mit dieser Aufgabe. Anfangs arbeitete er mit seinem Freund Paul Engelmann, einem Schüler von Adolf Loos, zusammen. Nach kurzer Zeit war er allein verantwortlich. Der Bau passt in keine der zahlreichen Architekturtheorien des beginnenden 20. Jahrhunderts. Lediglich das Äußere erinnert in seinen strengen und kubischen Formen an Loos'sche Bauten. Ist es vielleicht bezeichnend für Wittgenstein, dass die Bedeutung im Inneren des Baues liegt?

Wittgenstein hatte nicht eine oder mehrere geniale Ideen für den Bau, er konfrontierte alles, von der räumlichen Konzeption bis zum kleinsten Detail, mit seinem ganzen Ich; die Haupthalle und ein Fensterverschluss sind gleichen Geistes, gleichwertiges Zeugnis seiner logisch strengen Denkhaltung. Hier ist nichts übriggeblieben für Geschmacksentscheidungen, nichts ist einer spekulativen Ästhetik überlassen. „Ethik und Ästhetik sind Eins." (Tractatus logico-philosophicus, 6.422.)

Der Bau steht inmitten mehrstöckiger Wohnblocks auf dem 3000 m² großen Grundstück einer ehemaligen Gärtnerei, etwa 6 m über Straßenniveau, dem Blick von Passanten weitgehend entzogen. Der Weg vom Gartentor zum Haupteingang des Hauses auf der gegenüberliegenden Seite des Gartens ist eine freie Kurve, ein anschleichendes Umgehen, merkwürdig kontrastierend mit der Strenge des Gebäudes.

Das Haus ist dreigeschossig, umfasst 27 Zimmer, was einer Wohnfläche von 1116m² entspricht. Konstruktion: Stahlbetonsäulen und -unterzüge, tragende Ziegelmauern sowie Betonrippendecken. Der Bau ist verputzt. Raumorganisation: im Erdgeschoss Gesellschaftsräume und Wohnung der Frau, im ersten Obergeschoss Wohnung des Mannes sowie Gästezimmer, im zweiten Obergeschoss Kinder-, Fremden- und Dienerzimmer.

Der Bau entstand zwischen Wittgensteins erster philosophischen Periode, jener des logischen Positivismus oder logischen Empirismus, und seiner zweiten, der Zeit der Lehrtätigkeit in Cambridge. 1918 schreibt der Verfasser des „Tractatus" im Vorwort dazu: „Ich bin also der Meinung, die Probleme im Wesentlichen gelöst zu haben." Sein Bauen spiegelt diesen Anspruch auf Absolutheit und Kompromisslosigkeit wider. Es ist mit der sogenannten Neuen Architektur derselben Epoche nicht zu vergleichen. Diese erhielt wesentliche Impulse für ihr geistiges und formal-ästhetisches Vokabular aus neuen Materialien, neuen Herstellungsverfahren und einem neuen Sozialbewusstsein. Wittgenstein, der Philosoph, zeigt in seiner einzigen praktischen Auseinandersetzung mit Architektur eine ganz andere, absolut sichere Ästhetik, seine philosophisch-geistige Haltung umgesetzt in Raum und Form.

Bilder von Details können Wittgensteins Denkweise als Architekt zeigen, das Besondere jedoch, die geistige Einheit, das absolute sich gegenseitig Bedingen und Ergänzen von Raumkonzeption und formalem Detail ist in Abbildungen nicht wiederzugeben. Im Zusammenhang gesehen und erlebt ist der höchst disziplinierte Vorgang von Klärung und Reinigung bis zur letzten Einfachheit deutlich ablesbar. Ein einfacher, handelsüblicher Türgriff wird im geistigen Kontext des Baues umgedeutet.

Der Bau ist ein Denkprozess: Ein Einzelner versucht Werte zu objektivieren, was ihm kraft seines außergewöhnlichen Geistes gelingt. Der Bau wird letztlich entpersönlicht und anonyme, starke Architektur.

Klarheit wird hier nicht funktionalistisch getarnt. Exaktheit und Strenge beruhen nicht auf Moduleinheiten. Einfachheit entstand nicht durch Verzicht auf Ornamente.

Man wird auch keine formalen Dogmen finden oder Rezepte für Akademien und Ateliers, wie verglaste Ecken oder horizontale Fensterbänder. Statt Formeln und Clichés eine Philosophie.

Der schmucklose Bau ist in seiner Ausgewogenheit und Ruhe, in seiner Endgültigkeit und Würde ein Gestaltwerden von Wittgensteins Denken.

Der Bau ist wichtig, weil er ein Beispiel für Grenzüberschreitung ist, weil er zeigt, wie bereichernd „unprofessionelle Übergriffe" sein können, und weil er die Grenzen eines Berufstandes, die vornehmlich von den Angehörigen desselben Berufstandes gezogen werden, in Frage stellt. Wittgenstein, der Philosoph, war ein Architekt.

Wittgensteins Bau ist nicht modern im Sinne der jüngeren Architekturgeschichte, aber sicherlich eines der gebauten Dokumente, die das 20. Jahrhundert eindrucksvoll repräsentieren.

(Seite 59)
Eingangstüre für das Personal. Die Eingangstüre für die Familie auf der gegenüberliegenden Seite des Hauses zeigt den gleichen Entwurf, ist aber 60 cm höher. Eine absolut formal-strenge Ästhetik. Für Wittgenstein ist Ästhetik nicht von Ethik zu trennen.

(Seite 60)
Südost-Ansicht des Baues mit Garten. Die Haupteingangsseite ist hervorgehoben durch eine besondere Ordnung, eine horizontale und vertikale Dreiteilung. Der Eingang ist bezeichnenderweise nicht in der Achse, sondern am Rand und leicht vorgezogen. Die strengen, kubischen Formen des Äußeren sind 1926 nichts Außergewöhnliches mehr. Das Innere aber war und bleibt eine außerordentliche Besonderheit.

Offene Aufzüge im Stiegenhaus waren um die Jahrhundertwende in mehrstöckigen Wohnhäusern bereits durchaus üblich, halböffentliche Verkehrsmittel zwischen Straße und der Privatsphäre der Wohnungen. Wittgenstein akzeptiert nicht nur den Aufzug für die Privatsphäre, er verwendet ihn offen an zentraler Stelle ohne Verkleidungen. Die fragwürdige, peinliche Trennung zwischen „sachlicher" Arbeitsumwelt und „persönlich-geschmackvoller" Wohnwelt gibt es hier nicht.

Säule in der Halle. Bemerkenswert ist das Verjüngen des oberen Säulenendes. Dieses „Wittgenstein'sche Kapitell" ist seinerseits etwas breiter als der aufliegende Unterzug, was den Regeln des Funktionalismus widerspricht. In diesem Licht muss auch die nackte Birne in der Mitte der Decke gesehen werden. Eine einfache Lichtquelle, keine funktional-formalistische Demonstration, sondern einfach im Wittgenstein'schen Sinnzusammenhang.

Türgriff und Türschloss. Wittgenstein reduziert logisch-konsequent: in einer Metalltüre braucht ein Schlüsselloch weder Rosette noch Schild. Von der räumlichen Konzeption bis zum kleinsten Detail konfrontiert er alles mit seinem ganzen Ich. Alles ist Zeugnis seiner logisch-strengen Denkhaltung.

(Seite 61)
Saal (heute Speisezimmer). Alles ist präzis und exakt; die Massen sind feinsinnig ausgewogen. Es ist schön im Sinne verdichteter Einfachheit. An der Fensterwand zwei hohe Spiegel zwischen den drei Wandöffnungen.

Halle mit Tür zum Saal. Die ungewöhnliche Höhe der Türe (310 cm) und der Türgriff zeigen die besondere Bedeutung im Bereich der Eingangsräume. Wittgensteins Material- und Farbskala hier: dunkelgrauer, polierter Kunststeinboden, Wände aus Steinputz, zwei vollflächige, glatte Metallflügel, grünlich-grau lasiert. Er lehnt Luster, Teppich und Vorhang ausdrücklich ab. Hier werden keine Dekorateure benötigt. Die Akustik ist streng und klar. Sprechen und Gehen werden von keinem Dekormittel aufgesaugt. Intimität ist nicht das Resultat intensiv verwendeter Mittel zur Schallabsorption.

Fenster mit Bajonettverschluss.

(Seite 61)
Tür zwischen Halle und Aufgang zum Obergeschoss. Metallrahmen mit Opak-Glas. Außer einigen Innentüren sind alle Türen und Fenster des Hauses Metallrahmen-Konstuktionen. Der Entwurf ist überall der gleiche, doch die Höhen variieren. Wittgenstein studierte eingehend die Proportionen. Die Öffnungen sind verschieden in der Höhe – abgestimmt auf die Widmung und die Größe des entsprechenden Raumes.

Halle mit Glaswand zur Terrasse. Die Strenge des hohen, schmucklosen Raumes wird durch die schmalen, vertikalen Teilungen der Türen und Fenster betont. Das Klima erfordert eine doppelte Verglasung der Außenfenster. Beim Durchschreiten der Halle wird die Verdoppelung der vertikalen Geste durch den 13 cm breiten Abstand zwischen beiden Glasflächen deutlich erlebbar.

ARTFORUM
FEBRUARY, 1970 $2.00

2

WITTGENSTEIN'S ARCHITECTURE

3

BERNHARD LEITNER

From 1926 to 1928, the philosopher Ludwig Wittgenstein worked at building a mansion in Vienna—not for himself, but for one of his sisters. In an effort to help her brother, who had been in a crisis since World War I, Margarethe Stonborough-Wittgenstein suggested he build the house. Building as therapy.

For two years Wittgenstein devoted himself exclusively to this task. In the beginning, he worked with his friend Paul Engelmann, a disciple of Adolf Loos; but soon he took over and was solely responsible. The building fits none of the numerous architectural theories of the early 20th century. Only the exterior, in its austere and cubic forms, reminds one of Loos' buildings. Is it perhaps characteristic of Wittgenstein that the meaning of this architecture is disclosed by its inside?

Wittgenstein did not possess a catalog of architectural ideas. Everything was a challenge. He confronted the overall spatial concept as well as the smallest detail with his whole self. The main hall or a simple window lock show identical thinking, providing equivalent evidence of his logical and rigorous reasoning. Nothing is left to a speculative esthetic judgment: "Ethics and Esthetics are one and the same." (*Tractatus logico-philosophicus*, 6.422.)

The building stands among multistory apartment houses on the 30,000-square foot site of a former flower nursery, some 20 feet above street level and, therefore, quite hidden from the view of bypassers. The path leading from the garden gate to the main entrance of the house on the opposite side of the garden follows a free curve, a serpentine approach, remarkably contrasting with the rigidness of the building.

The three-story building includes 27 rooms, with a floor area of 11,000 square feet. Construction: reinforced concrete columns and beams, brick-bearing walls and ribbed concrete slabs. The building is stuccoed. Distribution of space: on the ground floor, reception rooms and wife's apartment; on the second floor, the husband's apartment and guest rooms; on the top floor, children's and guest rooms and servant quarters.

Wittgenstein was working on the building between his first philosophical period, *i.e.*, the period of logical positivism or logical empiricism, and his second, when he taught in Cambridge. In 1918, he wrote in the preface to the *Tractatus*: "I therefore believe myself to have found, on all essential points, the final solution of the problems." His architecture reflects this claim for absoluteness and rejection of compromise. It cannot be compared with the so-called "Neue Architektur" of the same era. Important inspirations for this movement's intellectual and formal-esthetic vocabulary were derived from new materials, new industrial processes and a new social consciousness. Wittgenstein, the philosopher, shows entirely different, absolutely firm esthetics in his one practical confrontation with architecture: his philosophic posture translated into space and form.

Photographs of details may show something of Wittgenstein's thinking as an architect, but they do not give evidence of the particularity, the intellectual oneness, the absolute interdependence and complementarity of his spatial concept and the design of details. The highly disciplined process of clarifying and reducing which leads to simplicity becomes evident only when experienced in its context. A simple, commercially available doorhandle changes in meaning if seen within the total concept of the building.

The building is an intellectual process: an individual attempts to overcome subjectivity and succeeds through the force of his extraordinary intellect. Ultimately the building becomes depersonalized and anonymous; great architecture.

Clarity does not become obscured by functionality.

Precision and austerity are not based on modular units.

Simplicity does not result from renunciation of ornaments.

Academies and architectural offices can find no formal dogmas or recipes in this building. They will look in vain for details to copy such as column-less glazed corners or ribbon windows. Instead of formulas and clichés, a philosophy.

The building in its harmony and serenity, in its finality and dignity, is a materialization of Wittgenstein's thinking.

The building is important because it is an example of going beyond limits, because it demonstrates how enriching an "unprofessional encroachment" can be, and because it questions the limits of a profession that are mainly set by the very members of that profession. Wittgenstein, the philosopher, was an architect.

In the light of recent architectural history, Wittgenstein's building is not modern, but it is certainly one of the built documents which impressively represent the 20th century. ■

Mr. Leitner is a Viennese architect currently practicing in the United States.

Service entrance. The door of the family entrance is two feet higher but the same design. Absolutely firm esthetics. For Wittgenstein, esthetics and ethics are one.

Southeast view of the building with garden. The side of the main entrance is stressed by a special arrangement, a horizontal and vertical tripartition. It is noteworthy that the entrance is not axial but on the edge and slightly offset. The rigid cubic forms of the exterior were already familiar in 1926. But the interior was then, and continues to be, unique.

Column in the hall. Notable is the diminution of the upper end of the column. This "Wittgenstein Capital" is somewhat wider than the concrete beam which it supports — contradicting all rules of functionalism. The naked bulb on the ceiling also must be seen in this context: as a simple light source, not as a functional and formalistic demonstration, simple in Wittgenstein's context of meaning.

Doorhandle and doorlock. Wittgenstein reduces logically: in a metal door, a lock needs neither rose nor plate. He confronted everything with his whole self, from the spatial concept down to the smallest detail. Everything is testimony of his logical and strict thinking.

At the beginning of the century, open elevators in the staircase were already customary in multistory buildings, providing semi-public connection between the street and the private sphere of the apartments. Wittgenstein not only accepted the elevator for the private sphere, but placed it centrally, without covering it up. The questionable and disconcerting separation between a mechanical, working environment and a tasteful personal living area does not occur here.

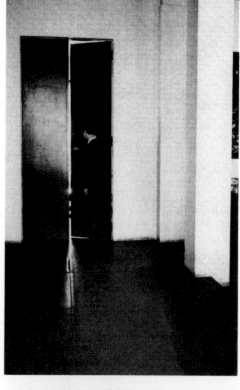

Reception room (today dining room). Everything is precise and accurate; the measurements are well balanced. It is beautiful in the sense of utmost simplicity. On the window-wall two high mirrors between the three wall openings.

Hall with door to reception room. The extraordinary height of the door (ten feet and nine inches) and doorhandle reflect the particular attitude about the reception rooms. Wittgenstein's material and colors here: dark-grey stone floor, white plaster walls, plain metal door painted grey. He strictly rejects chandeliers, carpets and curtains. There is no need for decorators. The acoustics are clear and austere. No decoration absorbs the noise of speaking or walking. Intimacy is not achieved by increased sound absorption.

Window lock.

Door between hall and stairs to upper floor. Metal frame with opaque glass. All doors and windows of the house are metal frame constructions, except for a few interior doors. The design is the same for all; however, the height is not standardized. Wittgenstein had thoroughly studied the proportions. Each opening is different in height according to the purpose and size of the specific room.

Hall with glass wall opening to terrace. The austerity of this high undecorated room is stressed by the thin partition of doors and windows. Because of the climate, double windows are necessary. When moving through the hall a doubling of vertical emphasis can be clearly experienced due to the eight-inch distance between the two glass surfaces.

Photos by Bernhard Leitner and Heike Hubert.

Bernhard Leitner
54 West 12 Street
New York,N.Y.1oo11

January 31,197o.

Mr.Phillip Leider
ARTFORUM
667 Madison Avenue
New York,N.Y.1oo12

Dear Mr.Leider,

I would like to add an urgent postscript to my article "Wittgenstein's
Architecture" because there is a very real and present threat that the
building will be destroyed.

The building was and still is owned by Wittgenstein's family.For this
reason no alterations have occurred.The building is in excellent condition -
and it is for sale.

The 32,000 square foot lot has a prime location in Vienna.Since apartments
in the center of the city have become desirable again more than one
private developer are willing to acquire the lot (not the building).
The goal:the profitable and dense construction of apartment towers.
The side effect:the tearing down of Wittgenstein's building.

The building which was designed by the philodopher Ludwig Wittgenstein is
not protected by law.The immediate acquisition of the building (and the lot)
is the only way to preserve this unique monument.

The spatial qualities of the building could be adapted by a university or
an international center for conferences or seminars.The garden is spacious
enough to allow for appropriate construction of apartments for students,
teachers or other participants.The simplicity and purity of this architecture
allows a wide latitude of furnishings and adaptation.

The prestige of the philosopher and architect Ludwig Wittgenstein will
reflect on any future owner.

Sincerely,

Bernhard Leitner

LETTERS

Bernhard Leitner
54 West 12th Street
New York, N.Y. 10011
31. Januar 1970

Mr. Phillip Leider
ARTFORUM
667 Madison Avenue
New York, N.Y. 10012

Sehr geehrter Herr Leider,

ich möchte meinem Artikel „Wittgensteins Architektur" einen drin-
genden Nachsatz hinzufügen, weil aktuell die sehr reale Gefahr
besteht, dass das Haus zerstört wird.

Das Gebäude war und ist noch immer im Besitz der Familie Wittgenstein. Aus diesem Grund wurden auch keine Veränderungen am Haus
vorgenommen. Das Haus ist in ausgezeichnetem Zustand – und es
steht zum Verkauf.

Das etwa 3000 Quadratmeter große Grundstück hat eine für Wien
erstklassige Lage. Seit es wieder Nachfrage nach Wohnungen im
Stadtzentrum gibt, zeigt nicht nur ein privater Bauunternehmer Interesse am Erwerb des Grundstücks (nicht des Hauses). Das Ziel: eine
gewinnträchtige dichte Bebauung mit Wohntürmen. Der Nebeneffekt:
der Abriss des Wittgenstein-Gebäudes.

Das von dem Philosophen Ludwig Wittgenstein entworfene Gebäude
steht nicht unter Denkmalschutz. Der sofortige Ankauf des Hauses
(und des Grundstücks) ist die einzige Möglichkeit, dieses einzigartige
Baudenkmal zu erhalten.

Aufgrund seiner räumlichen Qualitäten würde sich das Haus für eine
Universität oder ein internationales Konferenz- oder Seminarzentrum
eignen. Der Garten ist weitläufig genug, um dort entsprechende Woh-
nungen für Studenten, Lehrer und andere Teilnehmer zu errichten.
Die Schlichtheit und Reinheit der Architektur erlauben ein breites
Spektrum was Ausstattung und Adaptierung betrifft.

Das Ansehen des Philosophen und Architekten Ludwig Wittgenstein
wird auf jeden zukünftigen Eigentümer ausstrahlen.

Mit freundlichen Grüßen

Bernhard Leitner

Sirs:

I would like to add an urgent postscript to my article "Wittgenstein's
Architecture" because there is a very
real and present threat that the building will be destroyed.

The building was and still is owned
by Wittgenstein's family. For this reason no alterations have occurred. The
building is in excellent condition and
it is for sale.

The 32,000 square foot lot has a
prime location in Vienna. Since apartments in the center of the city have
become desirable again more than
one private developer is willing to acquire the lot (not the building). The
goal: the profitable and dense construction of apartment towers. The
side effect: the tearing down of Wittgenstein's building.

The building which was designed by
the philosopher Ludwig Wittgenstein
is not protected by law. The immediate acquisition of the building (and
the lot) is the only way to preserve
this unique monument.

The spatial qualities of the building
could be adapted by a university or
an international center for conferences or seminars. The garden is spacious enough to allow for appropriate
construction of apartments for students, teachers or other participants.
The simplicity and purity of this architecture allows a wide latitude of furnishings and adaptation.

Those interested may contact the
undersigned at 54 W. 12th St., N.Y.C.

Bernhard Leitner
New York, N.Y.

THE ARTICLE

Generalkonsul Dr. Heinrich Gleissner
Austrian Consulate General
31 East 69th Street
New York, N.Y.

54 West 12 Street
New York, N.Y. 10011

13-2-1970

Sehr geehrter Herr Generalkonsul Gleissner,

Mit gleicher Post sende ich Ihnen ein Exemplar des *ARTFORUM* 2/1970. Der Brief, der in der März-Ausgabe abgedruckt werden wird, enthält vielleicht einige zusätzliche Informationen für Sie.

Ich bin optimistisch, dass für das Wittgenstein-Haus eine würdige Lösung gefunden werden kann, wenn wir etwas mehr Zeit dafür gewinnen könnten.

Mit freundlichen Grüßen

Ihr Bernhard Leitner

54 West 12 Street
New York, N.Y. 10011

13-2-1970

Dear Consul General Gleissner,

I am enclosing a copy of *ARTFORUM* 2/1970 with this post. The letter to the editor to be printed in the March edition contains some additional information for you.

I am optimistic that a worthy solution can be found for the Wittgenstein House, if only we could gain a little more time to achieve this.

Kindest regards,

Bernhard Leitner

54 WEST 12 STREET
NEW YORK , N.Y. 10011

13 - 2 - 1970

Sehr geehrter Herr Generalkonsul Sleissner,

mit gleicher Post sende ich Ihnen ein
Exemplar des ARTFORUM 2/1970. Der Brief, der in
der März-Ausgabe abgedruckt werden wird, enthält
vielleicht einige zusätzliche Informationen für Sie.

Ich bin optimistisch, dass für den Wittgenstein-
Haus eine annehmbare Lösung gefunden werden kann,
wenn wir etwas mehr Zeit dafür gewinnen könnten.

Mit freundlichen Grüßen

[Unterschrift]

THE ARTICLE

Bernhard Leitner
54 West 12 Street
New York, N.Y. 10011

4-2-1970

Dear Dr Stonborough,

Just a brief note today confirming that the article has been published in *ARTFORUM*, February 1970; I shall send you a copy in a few days. The interest in the building is extraordinary.

You asked me to help in looking for a purchaser in order to save this unique house. I have regarded this from the very beginning both as a special gesture of yours towards me, and as an extremely serious and important task. I assure you that I shall do everything in my power to preserve this "materialized philosophy of the twentieth century". The house by Wittgenstein is by no means merely a local (Viennese) matter, nor are his ideas.

Best regards,

PS. The New York Times is going to publish a report on the building.

Bernhard Leitner
54 West 12 Street
New York,N.Y. looll

4-2-1970.

Sehr geehrter Herr Dr.Stonborough,

fuer heute nur kurz die bestaetigende Notiz,dass
der Artikel im ARTFORUM,Februar 1970 erschienen ist;ich
werde Ihnen in wenigen Tagen ein Exemplar schicken.Das
Interesse fuer den Bau ist ausserordentlichgross.
Sie haben mich gebeten,Ihnen bei der Suche nach
einem Kaeufer zu helfen,um das einmalige Haus erhalten zu
koennen.Ich habe das von Anfang an xkx gleichermassen als
eine besondere Geste Ihrerseits mir gegenueber und als eine
sehr ernste und wichtige Aufgabe aufgefasst.Ich versichere
Sie,dass ich alles tun werde,um diese "konkret gewordene
Philosophie des XX Jahrhunderts" zu erhalten.Es ist keine
lokale (Wiener) Angelegenheit,sowenig wie Wittgensteins
Denken.
Mit herzlichen Gruessen   Ihr

PS Die New York Times will ueber den Bau berichten.

VIENNA III., KUNDMANNGASSE 19
TEL.: 73 16 1 9

16 February 1970.

Dear Mr. Leitner,

Thank you very much for letter and *ARTFORUM*. Both arrived safely and I was delighted to receive them.

I cannot tell you how much it would mean to me if you could find a buyer for the property, because I really do have to sell it, but I would forever have a bitter aftertaste if the building was sold to some one who would not maintain the building and have it torn down. Almost like a bird which soils its nest."

When I asked you to work on finding a purchaser, it was "a shot in the dark". How fortunate and happy if it hit the target! Of course, it was and is clear to me that you are perhaps not in the most favourable strategic location for such a task, but on the other hand you are young and energetic and are perhaps lucky. And besides, you may be an idealist, but 5% of half a million dollars isn't such a bad prospect either!

The article is beautifully written and genuinely felt, and the photos are well chosen. Let us hope it does you honour. Postl had a hearty laugh when I showed them to him and he saw himself on the photos..

So: Good hunting! Kindest regards,

Thomas Stonborough

WIEN III., KUNDMANNGASSE 19
TEL.: 73 16 19   16 Februar 1970.

Lieber Herr Leitner,

        Danke Ihnen sehr für
Brief und Artforum. Beides ist wohlbehal-
ten angekommen und hat mich sehr erfreut.
        Ich kann Ihnen gar
nicht sagen, was es mir bedeuten würde,
wenn Sie mir einen Käufer für den Besitz
finden könnten, denn verkaufen werde ich
es müssen, aber ich hätte immer einen bitteren Nachgeschmack, wenn es an jemanden
ginge, welcher es nicht erhalten sondern
abreissen würde. Fast wie ein Vogel der
sein Nest beschmutzt. Als ich Sie gebeten
habe sich um den Verkauf zu bemühen, war
es "a shot in the dark". Wie schön und
glücklich, wenn er träfe! Es war und ist
mir natürlich klar, dass Sie vielleicht
nicht in der günstigsten strategischen
Lage für eine derartige Aufgabe sind,
aber dafür sind Sie jung und tatkräftig
und vielleicht haben Sie Glück. Sie sind
ausserdem vielleicht ein Idealist, aber
5% von einer halben Million Dollar sind
auch nicht von Pappe.

        Ihr Artikel ist schön und richtig
gefühlt und die Photo's sind gut gewählt.
Hoffentlich gereicht er Ihnen zur Ehre.
Postl hat herzlich gelacht, als ich ihm
sie zeigte und er sich darauf erkannt hatte.
        Also: Good hunting! Viele Grüsse

VIENNA III., KUNDMANNGASSE 19
TEL : 73 16 19

22 February 1970.

Dear Mr. Leitner,

I was really delighted about your telephone call this morning because it proved to me more than all words that you are taking this sale very seriously. Thank you!

In the interim I have looked through the correspondence as to whether someone with the name of Trevor Winkfield_ (?) turns up in it, because I knew that last fall an Englishman wanted to have a look at everything and take photographs. But his name was D.S.Walker, he was intro-duced to me by my uncle's biographer Professor Brian MacGuiness and also wrote a letter at my request, in which he expressly declared: "Certainly whatever I produce concerning the House will be subject to your approval." As far as I can remember him, he seemed very likeable. So he doesn't seem to have been the one.

As I told you on the telephone, I think I can say with certainty I cannot remember a man with this name – my memory might be playing tricks with me of course, because of the relatively frequent visits from people, philosophers and architects who want to see the house. Sometimes, when I'm not in, Postl lets visitors into the garden but not into the house.

Unfortunately, I cannot be 100 % certain about giving you an exact time limit, either. It is conceivable that a sale might take place in three to four months, but this is in no way a sure thing. I am only sure that that it cannot take place within a month because I am in contact solely with a single party, and I simply cannot judge how reliable this is, nor the chances that the project will be accepted by the official channels. In other word I think it would be in your favour if you seriously looked for purchasers. The risk for you is not too high.

Kindest regards,

Thomas Stonborough

WIEN III., KUNDMANNGASSE 19
TEL.: 73 16 19
                22 Februar 1970.

Lieber Herr Leitner,

Ich habe mich aufrichtig über Ihren Anruf heute früh gefreut, denn er hat mir, besser als alle Worte gezeigt, dass Sie den Verkauf wirklich ernst nehmen. Ich danke Ihnen.

Inzwischen habe ich in der Korrespondenz nachgesehen, ob jemand mit dem Namen Trevor Winkfield (?) darin aufscheint, denn ich wusste, dass vorigen Herbst ein Engländer alles ansehen und photographieren wollte. Der hat aber hiess D.S. Walker, wurde mir von dem Biographen meines Onkels Professor Brian MacGuiness vorgestellt und hat mir ausserdem auf meinen Wunsch einen Brief geschrieben in welchem er ausdrücklich erklärte:"Certainly whatever I produce concerning the House will be subject to your approval." Soweit ich mich an ihn erinnere war er auch recht sympathisch. Der scheint es also nicht gewesen zu sein.

Wie ich Ihnen am Telephon sagte, ich glaube mit Bestimmtheit sagen zu können, soweit mir meine Erinnerung keine Stückerln spielt bei dem relativ

häufigen Besuch von Leuten, Philosophen und Architekten, die das Haus besichtigen wollen, kann ich mich an einen Mann mit diesem Namen nicht erinnern. Manchesmal, wenn ich nicht da bin so lässt der Postl Besucher in den Garten aber nicht ins Haus.

Mit 100% Sicherheit kann ich Ihnen leider auch kein genaues Zeitlimit geben. In drei bis vier Monaten wäre es conceivably möglich, dass ein Verkauf zu Stande käme, aber keineswegs sicher. Sicher bin ich nur, dass es nicht innerhalb eines Monats zu Stande kommen kann, weil ich nur mit einer einzigen Partei darüber in Kontakt bin und wie seriös die ist, kann ich im Augenblick einfach nicht beurteilen, auch nicht die Chancen, dass das Projekt von den Instanzen genehmigt wird. Ich glaube in anderen Worten, dass es sich für Sie dafürsteht nach Käufern ernstlich zu suchen. Das Risiko ist für Sie nicht zu gross.

Mit herzlichen Grüssen
Ihr

The New York Times, Sonntag, 22. Februar 1970
Art Notes
Grace Glueck

RETTUNG

Wusstet ihr, Logische Positivisten, dass der verstorbene Ludwig Wittgenstein, der österreichische Philosoph, der zurzeit in der Kunstwelt sehr en vogue ist, auch ein one-shot-Architekt war? Und dass es jetzt eine Ein-Mann-Bewegung gibt, um das einzige Haus zu retten, das er in Wien entworfen und gebaut hat?

Die Bewegung ist Bernhard Leitner, ein junger Architekt, der hier für eine Zeit (voll angestellt) im Office of Midtown Planning and Development der Stadt New York arbeitet. Im aktuellen Heft des *ARTFORUM* beschreibt er, wie es zu Wittgensteins Werk kam: Der nach dem Ersten Weltkrieg eine Krise durchlebende Philosoph erhielt von seiner Schwester den therapeutischen Auftrag, ihr ein Haus zu entwerfen. Wittgenstein, der von 1926 bis 1928 mit dem Projekt befasst war, errichtete ein strenges, dreistöckiges, mit Außenputz versehenes Gebäude aus Stahlbeton, das 27 Räume umfasst und sechs Meter über dem Straßenniveau (und damit für Vorbeigehende unsichtbar) auf dem Grundstück einer ehemaligen Blumengärtnerei liegt.

„Es passt in keine der zahlreichen Architekturtheorien des 20. Jahrhunderts", schreibt Leitner. „Wittgenstein verfügte nicht über einen Katalog von Architektur-Ideen. Alles war eine grundsätzliche Herausforderung. Dem Gesamtraumkonzept ebenso wie dem kleinsten Detail begegnete er mit seinem ganzen Ich. Die Haupthalle und ein einfacher Fensterriegel zeigen dasselbe Denken, liefern einen gleichwertigen Beweis für seine logische und strenge geistige Haltung ... In seiner Ausgewogenheit und Ernsthaftigkeit, seiner Endgültigkeit und Würde materialisiert der Bau Wittgensteins Denk-Haltung."

Aber leider! Obgleich der von höheren Bauten umgebene Bau noch immer im Besitz der Familie Wittgenstein ist, steht er nun zum Verkauf. Und da die Lage des Grundstücks erstklassig ist, haben Bauunternehmen ein Auge auf das Areal geworfen. Leitner hält „den sofortigen Ankauf des Hauses für die einzige Möglichkeit, dieses einzigartige Baudenkmal zu erhalten", und schlägt vor, es für eine Verwendung durch eine Universität oder als internationales Zentrum zu adaptieren. „Das Ansehen des Philosophen und Architekten Ludwig Wittgenstein wird auf jeden zukünftigen Eigentümer ausstrahlen", so Leitner.

Aus England ist jedoch eine abweichende Stimme zu vernehmen (von der diese Redaktion auf subversive Weise durch den Künstler Jasper Johns, selbst ein Wittgenstein-Anhänger, in Kenntnis gesetzt wurde). In einer Besprechung des Hauses in der aktuellen Ausgabe des literarischen Magazins Juillard äußert sich ein britischer Dichter namens Trevor Winkfield schonungslos wie folgt: „Aus heutiger Sicht erscheint das Haus völlig charakterlos, sein Wechselspiel von ‚Leichtigkeit' und ‚Schwere' albern, seine Linearität uninspiriert." Seine zerfallenden „modernistischen Kopien finden sich an jeder Vorstadtstraße, von Kieswegen umgeben und rosa bemalt, ideale Gefäße für Hitlers Aquarelle."

Art Notes

A Brueghel From Harlem

By GRACE GLUECK

OUTSIDE his Deep South home, a black railroad worker strums a mandolin. A sharecropper prods a mule across a Carolina field. A family glooms in a tenement flat. And, attended by a servant, a black Susannah-from-the-Bible prepares to take her famous bath.

A new show of Romare Bearden's "montage-paintings" has settled in at the Cordier & Ekstrom gallery, shallow-space collages that reflect the "black experience" in fractured images built up of cut paper, cloth scraps and photographic snippits. Full of sophisticated serendipities — a Harlem face made from an African mask, a shirt cut out of a dish towel, shifts in scale that make hands bigger than heads — they give elegant credence to Bearden's claim that his aim is not to make "Negro propaganda."

*

On the contrary, his purpose is "to paint the life of my people as I know it—passionately and dispassionately as Brueghel painted the life of the Flemish people of his day." In flat iconography that draws on Byzantine stylization and African design, he presents such recurrent motifs as trains, musical instruments, donkeys, bits of sermons—"because much of that life is gone and it had beauty. Also, I want to show that the myth and ritual of Negro life provide the same formal elements that appear in other art, such as a Dutch painting by Pieter de Hooch."

Bearden, though light-skinned enough to "pass" for white (a white observation that makes him laugh), has experienced "black" more positively than many. After a middle-class Harlem childhood (his mother, Bessy Bearden, was New York correspondent for the black newspaper, The Chicago Defender), Bearden attended N.Y.U. in the Depressed '30's, where he majored in math and drew political cartoons for the campus humor magazine. Finding "nothing to count" when he was graduated at the Depression's nadir, he ditched math for art, ensconcing himself in a studio on 125th Street.

*

He first realized that American Negro life could be a subject for art through study at the Art Students League with the late George Grosz, the German expatriate famed for his scathing renditions of the human condition in Germany between the two World Wars. Bearden became more philosophically aware of "Negritude" when, after Army service in World War II, the G.I. Bill propelled him to Paris for study at the Sorbonne. Falling in with a group from "Presence Africaine," the literary magazine founded by Leopold Senghor, poet and now president of Senegal, he was affected by "the African concepts that run through Senghor—the land, the beauty of a black woman, the protective presence of the dead, the acceptance of intuition. But the biggest thing I learned was reaching into your consciousness of black experience and relating it to universals."

Now 55, Bearden is art involved on a number of fronts. Last year he wrote, with artist Carl Holty, "The Painter's Mind," a book about the structure of painting. He has just finished a biography of the Negro expatriate artist Henry O. Tanner, and he is currently working up a book on Afro-American art for Doubleday. Quietly activist, he taught a seminar on Afro-American art at Williams College last month and this past December, with black artists Norman Lewis and Ernest Crichlow, opened the nonprofit Cinque Gallery at Joseph Papp's downtown New York Shakespeare Festival Public Theater. A showcase for under-30 minority artists, it runs on a grant from Columbia University's Urban Center.

*

Despite his own success Bearden believes that prejudice — "maybe unconscious" —exists in the New York art world. And he applauds recent efforts of militants to get more exposure for black artists in New York museums. "It's their thrust that was responsible for the fact that the Whitney had 11 black artists in its recent Annual," he says. "I can't tell the kids what to paint, but I think all of them should remember what's been done in their behalf even if they don't depict it—the marching in Selma, the women lying down in front of construction trucks to get black workers jobs."

RESCUE

Did you know, Logical Positivists, that the late Ludwig Wittgenstein, the Austrian philosopher who's very in with art worldings these days, was also a one-shot architect? And that now there's a one-man movement afoot to save the single house he designed and built in Vienna?

The movement is Bernhard Leitner, a young (and full-time) Austrian architect, over here on a stint with the city's Office of Midtown Planning and Development. Writing in the current issue of Artforum, he describes how Wittgenstein's oeuvre came about: In a state of mental *crise* since W.W. I, the philosopher was therapeutically commissioned by his sister to design her a mansion. Involved with the project from 1926-28, Wittgenstein produced an austere, three-story stuccoed edifice of 27 rooms, constructed of reinforced concrete and set on the site of a former flower nursery, some 20 feet above street level (and thus invisible to passersby).

"It fits none of the numerous architectural theories of the 20th century," Leitner writes. "Wittgenstein did not possess a catalogue of architectural ideas. Everything was a challenge. He confronted the over-all spatial concept as well as the smallest detail with his whole self. The main hall or a simple window lock show identical thinking, providing equivalent evidence of his logical and rigorous reasoning. . . . The building in its harmony and serenity, in its finality and dignity, is a materialization of Wittgenstein's thinking."

But alas! Though the building, now surrounded by high-risers, is still owned by Wittgenstein's family, it's up for sale. And since the lot has a prime location, developers are giving it the eye. Declaring that "immediate acquisition is the only way to preserve this unique monument," Leitner suggests that it could be adapted for use by a university or an international center. "The prestige of the philosopher and the architect Ludwig Wittgenstein will reflect on any future owner," he holds.

From England, though, comes a dissenting voice (subversively reported to this department by artist Jasper Johns, a Wittgenstein fan). Discussing the house in the current issue of "Juillard," a casual literary mag, a British poet named Trevor Winkfield reports uncharitably: "Seen today, it seems totally without character, its playing off of 'lightness' against 'heaviness' inane; its linearity unimaginative. . . . Its crumbling "modernistic duplicates may be seen on any suburban road, pebbled and painted pink, ideal receptacles for Hitler's watercolors."

SAO SHOW

Remember U.S. show for Paulo Biefial, Prof. Gyorgy of the Center Visual Studi Angered by tactics" of military regim 23 participati drew, and U tion at the B celled.

But what missed, Wash —or at least Now called the highly show, concer for new envi appear from through May tional Colle Arts, the b Smithsonian sponsors U. in art act What's mor similar show M.I.T.'s Ha Feb. 28 thro

Like the Paulo affair, Washington show (M.I.T.'s has only 15) will present an "environmental community" section and an information center. Boasting blown-up

Ithaca, 5. April 1970

Mr. B. Leitner
54 West 12th Street
New York City, N.Y.

Sehr geehrter Herr Leitner,

als ich gestern hier eintraf, zeigte mir ein Freund Ihren Artikel über das Wittgenstein-Haus mit dem Nachsatz in der Märznummer des *ARTFORUM*. Mir waren heuer schon zuvor Gerüchte über die Pläne von Herrn Th. Stonborough zu Ohren gekommen, das Grundstück in der Kundmanngasse an ein Bauunternehmen zu verkaufen.

Um mich vorzustellen: Ich war ein Schüler Wittgensteins und habe schließlich seinen Lehrstuhl für Philosophie an der Universität Cambridge übernommen. Gemeinsam mit zwei Kollegen in England bin ich sein literarischen Nachlassverwalter und arbeite nun seit fast zwanzig Jahren an der Herausgebe von seinem sehr umfangreichen literarischen Nachlass. Ich kenne auch Wittgensteins Schwester, Frau Stonborough, und habe 1952 mehrere Wochen in dem Haus in der Kundmanngasse verbracht und es später gelegentlich besucht.

Der Abriss des Hauses wäre ein unentschuldbarer vandalistischer Akt, der – wenn möglich – verhindert werden muss.

Wie Sie in Ihrem Nachsatz sagen, würde sich das Haus für Forschungszwecke oder ein Universitätsinstitut eignen. Ich fürchte, dass die Vereinigten Staaten das einzige Land sind, in dem sich die für einen Kauf des Grundstücks im Zeichen der Rettung des Hauses erforderlichen Mittel beschaffen lassen. Ich habe die Sache mit einigen meiner Kollegen hier an der Cornell University besprochen, und wir werden tun, was wir können, um die Angelegenheit voranzutreiben.

In erster Linie würden wir gern Näheres über den ins Auge gefassten Verkauf wissen. Haben Sie eine Ahnung, wie viel Herr Stonborough für das Grundstück verlangen würde bzw. wie viel man dafür vernünftigerweise verlangen könnte? Ich wäre Ihnen für jede Information sowie alle Vorschläge dankbar, die Sie haben. Bitte lassen Sie von sich hören, sobald Sie können. Meine Adresse: The Sage School of Philosophy, Goldwin Smith Building, Cornell University, Ithaca, N.Y. 14850.

Mit freundlichen Grüßen
Georg Henrik von Wright
Andrew D. White Professor-at-Large
Cornell University

3

Ithaca,5th April 1970

Mr B.Leitner,
54 West,12th Street,
New York City,N.Y.

Dear Mr Leitner,
On my arrival here yesterday a friend of mine
showed me your article about Wittgenstein's house with the
postscript in the March issue of Art Forum. I had already
earlier this year heard rumours about Mr Th.Stonborough's
plans of selling the site in Kundmanngasse to a developer.

By the way of introduction: I was a pupil of
Wittgenstein's and eventually became his successor in the
chair of philosophy at Cambridge. I am,with two colleagues
of mine in England,his Literary Executor and has been working
now for nearly twenty years on the editing of his immense
literary Nachlass. I also knew Wittgenstein's sister,
Frau Stonborough,and I have been living in the house in
Kundmanngasse during several weeks in 1952,and later visited
it on occasion.

The pulling down of the house would be an
inexcusable act of vandalism which must,if possible,be
prevented.

As you say in your postscript,the house would
be suitable for some kind of research or university institute.
I am afraid that the only country,in which ~~would~~ could raise
the money needed for purchasing the site with a view to
rescuing the house,is the United States. I have talked about
the matter with some of my colleagues here at Cornell and we
should like to do what we can to follow things up.

In the first place we should like to know
the facts about the proposed sale. Have you any idea about
the price which Mr Stonborough would ask for the site,or of
the price which the site could reasonably fetch? I shall be
grateful for all information which you can give me and also
for all suggestions which you may have. Would you be so very
kind and send me a line at your early convenience. My address
is The Sage School of Philosophy,Goldwin Smith Building,
Cornell University,Ithaca,N.Y.14850.

Yours sincerely,

Georg Henrik von Wright

Andrew D.White Professor-at-Large,
Cornell University

THE SUBTITLE

Rudolf Walter Leonhardt, head of the feature section of the weekly paper *DIE ZEIT* in Hamburg wanted to reprint „Wittgenstein's Architecture". Since I was obliged by Thomas Stonborough not to comment on the recent developments I passed the necessary information on to Leonhardt in a letter dated February 4, 1970 (e.g., "The costs for Ludwig Wittgenstein's building are demolition costs".) Using this information he wrote a brief introduction.

On February 20,1970 my article appeared in *DIE ZEIT* as „Der Philosoph als Architekt" (The Philosopher as Architect). The subtitle: "The only house Ludwig Wittgenstein designed was in danger of being demolished." Subtitle and editorial preface about a possible sale of the building were completely in accord with my strategy. Diverse responses followed.

4.1 In his letter of February 27, 1970 Max Bill expressed his interest in the building and its fate. If he could somehow be of help to me, I was to turn to him. (In June 1971 I was thus able to propose Max Bill as one of the three experts to evaluate the aesthetic qualities of the building, which would justify declaring it a landmark.)

4.2 Thomas Stonborough in his letter of February 27,1970) denounced "the journalistic 'sales techniques' and wrote: "Sensationalism, in other words the subtitle about pulling down the building on the one hand and the part of the first paragraph reporting negotiations for purchase were absolutely against to my intentions in every way. You have harmed me very much. I would ask you never to make any written or even oral statements either in the USA or in Europe on the possibility of current negotiations about a potential sale, nor on the demolition of the building. Under no circumstances whatever! » In other terms: The fate of this architecture lies entirely in the hands of the heir.

4.3 The imminent threat became for the first time evident in Vienna where the legal decision-making process was already under way. Newspapers such as *Arbeiter Zeitung* and *Die Presse* published short reports on the article in *DIE ZEIT*.

DER UNTERTITEL

Dr. Rudolf Walter Leonhardt, Feuilletonchef bei *DIE ZEIT* in Hamburg, wollte „Wittgensteins Architektur" abdrucken. Da ich laut Absprache mit Thomas Stonborough keine Kommentare zur Situation schreiben durfte, versorgte ich Dr. Leonhardt in einem Brief vom 4.2.1970 ausreichend mit Material (u.a. „Die Kosten für den Bau von Ludwig Wittgenstein sind die Abbruchkosten") Aus dieser Information sollte er ein eigenes Vorwort formulieren.

Am 20.2.1970 erschien mein Artikel in *DIE ZEIT* unter dem Titel „Der Philosoph als Architekt". Der Untertitel: „Das einzige Haus, das Ludwig Wittgenstein erbaute, soll abgerissen werden." Untertitel und redaktionelles Vorwort über die Verkaufsverhandlungen entsprachen ganz meiner Absicht. Klärende und wichtige Reaktionen.

4.1 Aus Zürich bekundet Max Bill mir in seinem Schreiben vom 27.2.1970 sein Interesse an dem Bau und dessen Schicksal. Wenn er irgendwie behilflich sein könnte, sollte ich mich an ihn wenden. (So konnte ich Max Bill im Juni 1971 als einen der drei Sachverständigen zur Begutachtung der Denkmalwürdigkeit des Objektes vorschlagen.)

4.2 Thomas Stonborough kritisiert in Brief 5 (27.2.1970) die journalistischen „Sales-Techniken" und schreibt: „Diese „Aufhänger", das heißt der Untertitel über Abreißen des Gebäudes einerseits und der Teil des ersten Paragraphen, welcher über Verhandlungen zwecks Verkauf andererseits berichtete, waren ganz und gar gegen meine Intentionen. Sie haben mir sehr geschadet ... Ich bitte Sie, weder in USA noch in Europa je irgendwelche Äußerungen über die Möglichkeit hiesiger Verhandlungen wegen eines eventuellen Verkaufs, noch über das Abreißen des Gebäudes zu machen. Unter gar keinen Umständen!" Oder: Der Erbe allein entscheidet über das Schicksal dieser Baukunst.

4.3 In Wien, wo dieser Entscheidungsprozess bereits im Gange ist, wird die Gefahr erstmals wahrgenommen. Die *Arbeiter Zeitung* und *Die Presse* berichten kurz über den Artikel in *DIE ZEIT*.

Bernhard Leitner
54 West 12 Street
New York, N.Y. 10011

Dr. Rudolf Walter Leonhardt,
DIE ZEIT
Hamburg 1
Pressehaus

New York, 4/2/1970.

Dear Dr. Leonhardt,

The situation concerning the Wittgenstein House has deteriorated most worryingly in recent months. The foreword to the article is therefore not only desirable, but essential. I think you know best of all what and how much should be said. Here some "foreword material":

The building has always been owned by the Wittgenstein family; this is the reason why no constructional alterations have been performed. It is in an optimal state of preservation. And is to be sold.

The large plot of land holding a single detached house is situated in a central location in Vienna. It was "discovered" in recent months by more than one construction company desirous of purchasing it for re-development in the form of lucrative residential tower blocks. The costs for the building by Ludwig Wittgenstein are the demolition costs.

The building is a monument to the creative intellect and has no state protection. Only its immediate purchase and a revitalized, fully functional re-usage can preserve the building. Wittgenstein's architecture is a purist structure that accommodates various uses and interpretations of interior design.

The spatial conditions are ideal for an international study or conference centre of a university or foundation, especially as the garden grounds are large enough to set up sufficient living units for students, professors, seminar participants.

There is scarcely any need to emphasize that the sole building by one of the most influential philosophers of this century would bequeath exceptional prestige upon any future owner.

Dear Dr. Leonhardt, the alarm bells are ringing – and perhaps it 's already too late!

Wittgenstein is as unknown in Vienna as Sigmund Freud, but his building is not a local matter, nor are his ideas.

Kind regards,

Bernhard Leitner

Bernhard Leitner

54 West 12 Street
New York, N.Y. 1oo11

Herrn
Dr.Rudolf Walter Leonhardt,
DIE ZEIT
Hamburg 1
Pressehaus

New York,4-2-1970.

Sehr geehrter Herr Dr.Leonhardt,

    die Situation um das Wittgensteinhaus hat sich in letzter Zeit betrueblicherweise sehr verschlechtert.Das Vorwort zum Artikel ist also nicht nur wuenschenswert,sondern wesentlich.Ich glaube,Sie wissen am best en,was und wieviel gesagt werden soll,hier etwas "Vorwort-Material":

Der Bau war stets im Besitz der Familie Wittgenstein,deshalb sind keine baulichen Veraenderungen vorgenommen worden.Er ist bestens erhalten.Und soll verkauft werden.

Das nur mit einem Einfamilienhaus verbaute,grosse Grundstueck hat eine zentrale Lage in Wien.Es wurde in den letzten Monaten von mehr als nur einer Baufirma"entdeckt",die es fuer gewinnbringende,dichte "euverbauung mit Wohnhochhaeusern erwerben wollen.Die Kosten fuer den Bau von Ludwig Wittgenstein sind die Abbruchkosten.

Der Bau ist ein staatlich ungeschuetztes Denkmal des Geistes.Nur der sofortige Erwerb und eine lebendige,zweckvolle Neuverwendung kann den Bau erhalten.Wittgensteins Architektur ist ein strenger Rahmen,der verschiedene Verwendung und Einrichtung erlaubt.

Die raeumlichen Gegebenheiten sind ideal fuer ein internationales Studien- oder Konferenzzentrum einer Universitaet oder Foundation, zumal das Gartengrundstueck gross genug ist,genuegend Wohneinheiten fuer Studenten,Professoren,Seminarteilnehmer zu errich ten.

Dass der einzige Bau eines der einflussreichsten Philosophen dieses Jahrhunderts fuer jeden kuenftigen Besitzer von aussergewoehnlichem Prestige ist,muss wohl nicht besonders betont werden.

Sehr geehrter Herr Dr.Leonhardt,die Gefahr ist ziemlich akut - vielleicht ist es ohnehin schon zu spaet!
Wittgenstein ist in Wien unbekannt wie Sigmund Freud,sein Bau ist aber keine lokale Angelegenheit,sowenig wie sein Denken.

Mit herzlichen Grüssen
Ihr Bernhard Leitner

DIE ZEIT, Friday, February 20, 1970
FEUILLETON

The Philosopher as Architect

The only building ever designed by
Ludwig Wittgenstein is to be pulled down /
by Bernhard Leitner

Nobody bothered about this building for
decades – as is usual in Vienna: the news of
Wittgenstein's significance hasn't yet quite got
through as far as Austria. But now, all of a sud-
den, someone is paying attention: a construction firm, that could use the centrally situated
plot of land for the development of a high-rise
settlement. The negotiations are underway, and
the issue of demolition costs will certainly not
stop them.

[…] Following text see *ARTFORUM,* p. 31

Wittgenstein's building is not modern in terms
of the more recent history of architecture, but
one of the documents of the twentieth century
in material form. And in case this century does-
n't think it can afford to invest in the mainte-
nance of documents: it is an ideal building for
study meetings, conferences, colloquies – and
these days we cannot invest enough in such
events.

Freitag, den 20. Februar 1970 FEUILLETON ZEIT Nr. 8 — Seite 15

Südostansicht des Wittgenstein-Baus

Der Philosoph als Architekt

Das einzige Haus, das Ludwig Wittgenstein erba[...]
soll abgerissen werden / Von Bernhard Leitner

Der Philosoph Ludwig Wittgenstein baute von 1926 bis 1928 in Wien ein herrschaftliches Wohnhaus. Nicht für sich selbst, sondern für eine seiner Schwestern. Margarethe Stonborough-Wittgenstein wollte mit diesem Bauauftrag ihrem Bruder helfen, die Krise zu überwinden, in der er sich seit dem Ersten Weltkrieg befand. Jahrzehntelang hat sich, wie das in Wien so üblich ist, niemand um dieses Haus gekümmert: Die Kunde von der Bedeutung Wittgensteins ist schließlich noch nicht ganz bis nach Österreich vorgedrungen. Aber jetzt kümmert sich plötzlich jemand: eine Baufirma, die das zentral gelegene Grundstück für die Errichtung einer Hochhaussiedlung gut gebrauchen könnte. Die Verhandlungen laufen bereits, an der Frage der Abbruchkosten werden sie gewiß nicht scheitern.

Zwei Jahre lang beschäftigte sich Wittgenstein ausschließlich mit dieser Aufgabe. Anfangs arbeitete er mit seinem Freund Paul Engelmann, einem Schüler von Adolf Loos, zusammen, nach kurzer Zeit war er alleinverantwortlich.

Der Bau paßt in keine der zahlreichen Architekturtheorien des beginnenden 20. Jahrhunderts. Lediglich das Äußere erinnert in seinen strengen und kubischen Formen an Loos'sche Bauten.

Wittgensteins Bau ist nicht eine Versammlung genialer Ideen, sondern von der räumlichen Konzeption bis hin zum kleinsten Detail eine Konfrontation mit seinem ganzen Ich. Ob es nun die Haupthalle ist oder ein Fensterverschluß: Sie sind gleichen Geistes, gleichwertiges Zeugnis seiner logisch-strengen Denkhaltung. Hier ist nichts übriggeblieben für Geschmacksentscheidungen, nichts ist einer spekulativen Ästhetik überlassen. „Ethik und Ästhetik sind Eins" (Tractatus logico-philosophicus 6.422).

Der Bau steht inmitten mehrstöckiger Wohnblocks auf dem 3000 Quadratmeter großen Grundstück einer ehemaligen Gärtnerei, durch Aufschüttung einige Meter über Straßenniveau, dem Blick von Passanten weitgehend entzogen. Der Weg vom Gartentor zum Haupteingang des Hauses auf der gegenüberliegenden Seite des Gartens ist eine freie Kurve, ein anschleichendes Umgehen, merkwürdig kontrastierend zu der Direktheit und Strenge des Gebäudes.

Das Haus, ein verputzter Bau, ist dreigeschossig, umfaßt 27 Zimmer, was einer Wohnfläche von 1116 Quadratmetern entspricht. Konstruktion: Stahlbetonsäulen und -unterzüge, tragende Ziegelmauern sowie Betonrippendecken. Raumorganisation: im Erdgeschoß Gesellschaftsräume und Wohnung der Frau, im ersten Obergeschoß

Halle mit Glaswand zur Terrasse   Aufnahmen (2): Bern[...]

Der Philosoph als Architekt

Das einzige Haus, das Ludwig Wittgenstein erbaute, soll abgerissen werden / Von Bernhard Leitner

Der Philosoph Ludwig Wittgenstein baute von 1926 bis 1928 in Wien ein herrschaftliches Wohnhaus. Nicht für sich selbst, sondern für eine seiner Schwestern. Margarethe Stonborough-Wittgenstein wollte mit diesem Bauauftrag ihrem Bruder helfen, die Krise zu überwinden, in der er sich seit dem Ersten Weltkrieg befand. Jahrzehntelang hat sich, wie das in Wien so üblich ist, niemand um dieses Haus gekümmert: Die Kunde von der Bedeutung Wittgensteins ist schließlich noch nicht ganz bis nach Österreich vorgedrungen. Aber jetzt kümmert sich plötzlich jemand: eine Baufirma, die das zentral gelegene Grundstück für die Errichtung einer Hochhaussiedlung gut gebrauchen könnte. Die Verhandlungen laufen bereits, an der Frage der Abbruchkosten werden sie gewiß nicht scheitern.

Zwei Jahre lang beschäftigte sich Wittgenstein ausschließlich mit dieser Aufgabe. Anfangs arbeitete er mit seinem Freund Paul Engelmann, einem Schüler von Adolf Loos, zusammen, nach kurzer Zeit war er alleinverantwortlich.

Der Bau paßt in keine der zahlreichen Architekturtheorien des beginnenden 20. Jahrhunderts. Lediglich das Äußere erinnert in seinen strengen und kubischen Formen an Loos'sche Bauten.

Wittgensteins Bau ist nicht eine Versammlung genialer Ideen, sondern von der räumlichen Konzeption bis hin zum kleinsten Detail eine Konfrontation mit seinem ganzen Ich. Ob es nun die Haupthalle ist oder ein Fensterverschluß: Sie sind gleichen Geistes, gleichwertiges Zeugnis seiner logisch-strengen Denkhaltung. Hier ist nichts übriggeblieben für Geschmacksentscheidungen, nichts ist einer spekulativen Ästhetik überlassen. „Ethik und Ästhetik sind Eins" (Tractatus logico-philosophicus 6.422).

Der Bau steht inmitten mehrstöckiger Wohnblocks auf dem 3000 Quadratmeter großen Grundstück einer ehemaligen Gärtnerei, durch Aufschüttung einige Meter über Straßenniveau, dem Blick von Passanten weitgehend entzogen. Der Weg vom Gartentor zum Haupteingang des Hauses auf der gegenüberliegenden Seite des Gartens ist eine freie Kurve, ein anschleichendes Umgehen, merkwürdig kontrastierend zu der Direktheit und Strenge des Gebäudes.

Das Haus, ein verputzter Bau, ist dreigeschossig, umfaßt 27 Zimmer, was einer Wohnfläche von 1116 Quadratmetern entspricht. Konstruktion: Stahlbetonsäulen und -unterzüge, tragende Ziegelmauern sowie Betonrippendecken. Raumorganisation: im Erdgeschoß Gesellschaftsräume und Wohnung der Frau, im ersten Obergeschoß Wohnung des Herrn sowie Gästezimmer, im zweiten Obergeschoß Kinder-, Fremden- und Dienerzimmer.

Der Bau entstand zwischen Wittgensteins erster philosophischer Periode des logischen Positivismus oder logischen Empirismus und dem philosophischen Neubeginn, der Zeit der Lehrtätigkeit in Cambridge. Ein sichtbares Monument seines Anspruchs auf Absolutheit und Kompromißlosigkeit, das mit der sogenannten „Neuen Architektur" derselben Epoche nichts zu tun hat. Diese erhielt wesentliche Impulse für ihr geistiges und formal-ästhetisches Vokabular aus neuen Materialien, neuen Herstellungsverfahren und einem neuen Sozialbewußtsein. Wittgenstein, der Philosoph, zeigt in seiner einzigen praktischen Auseinandersetzung mit Architektur eine ganz andere, absolut sichere Ästhetik, seine philophisch-geistige Haltung umgesetzt in Raum und Form.

Bilder von Details können Wittgensteins Denkweise als Architekt illustrieren, das Besondere jedoch, die geistige Einheit, die Absolutheit, mit der Raumkonzeption und formale Details einander bedingen und ergänzen, ist in Abbildungen nicht wiederzugeben. Im Zusammenhang gesehen und erlebt, ist ein höchst disziplinierter Vorgang ablesbar, im Verlauf dessen auch ein handelsüblicher Türgriff durch den Rest des Hauses umgedeutet wird.

Der Bau als Denkprozeß: ein einzelner versucht Werte zu objektivieren. Klarheit wird nicht funktionalistisch getarnt, Exaktheit und Strenge beruhen nicht auf Moduleinheiten, Einfachheit nicht als Verzicht aufs Ornament. Statt Formeln und Klischees eine Philosophie. Der schmucklose Bau ist in seiner Ausgewogenheit und Ruhe, in seiner Endgültigkeit und Würde ein Denkmal — im Sinn des Wortes. Und schließlich, entpersönlicht, anonyme, starke Architektur.

Der Bau ist wichtig als ein Beispiel für Grenzüberschreitung, weil er zeigt, wie bereichernd Übergriffe sein können, weil er die Grenzen eines Berufsstandes, die vornehmlich von den Angehörigen desselben Berufsstandes gezogen werden, in Frage stellt. Wittgenstein ein Architekt.

Sein Bau ist nicht modern im Sinne der jüngeren Architekturgeschichte, aber eines der gebauten Dokumente des 20. Jahrhunderts. Und wenn sich dieses Jahrhundert die Pflege von Dokumenten nicht glaubt leisten zu können: Es ist ein ideales Haus für Studientagungen, Konferenzen, Kolloquien — und von denen kann man sich heutzutage doch gar nicht genug leisten.

THE SUBTITLE

VIENNA III., KUNDMANNGASSE 19
TEL.: 73 16 19

27 February 1970.

Dear Mr. Leitner,

A short postscript to my letter of 3 days ago. The article in *ARTFORUM* was really excellent, both in content but also because it wasn't based on or accompanied by journalistic "sales techniques". The one in *DIE ZEIT* would have been equally as good if you hadn't furnished it with arguments of that kind. These "eye-catcher" statements, in other words the subtitle about pulling down the building on the one hand and the part of the first paragraph reporting negotiations for purchase were absolutely against to my intentions in every way. You have harmed me very much. Apart from this, I have never set my eyes on these statements, which were mentioned for the first time in your letter of 17 January.

According to our agreement, you should have submitted them to me for approval.

I would ask you never to make any written or even oral statements either in the USA or in Europe on the possibility of current negotiations about a potential sale, nor on the demolition of the building. Under no circumstances whatever!

If you wish to bring about the sale of the property to an American institution, this must take place without arguments that could cause harm over here. *

Kind regards

Thomas Stonborough

* In other words: only in the closest coordination with me and under my direction!

WIEN III., KUNDMANNGASSE 19
TEL.: 73 16 19   27 Februar 1970.

Lieber Herr Leitner,

        Noch ein kurzer Nachtrag
zu meinem Brief von vor 3 Tagen. Der Artikel
im Art Forum war ganz ausgezeichnet, sowohl
wegen seines Inhaltes, aber auch weil er von
keinen journalistischen "Sales-Techniken"
umrahmt und begleitet war. Derjenige in der
"Zeit" wäre ebenso gut gewesen, wenn Sie ihn
nicht mit derartigen Argumenten versehen
hätten. Diese "Aufhänger", das heisst der
Untertitel über Abreissen des Gebäudes einerseits und der Teil des ersten Paragraphen,
welcher über Verhandlungen zwecks Verkauf
andererseits berichtete, waren ganz und gar
gegen meine Intentionen. Sie haben mir sehr
geschadet. Ausserdem habe ich diese Aufhänger
welche zum ersten Mal in Ihrem Brief vom 17.I.
erwähnt wurden, nie zu Gesicht bekommen.
Nach unserem Übereinkommen hätten sie mir
zur Begutachtung vorgelegt werden müssen.
        Ich bitte Sie weder in
USA noch in Europa je irgendwelche schriftlichen oder auch nur mündliche Äusserungen
über die Möglichkeit hiesiger Verhandlungen
wegen eines eventuellen Verkaufs, noch über

das Abreissen des Gebäudes zu machen. Unter
gar keinen Umständen!

        Wenn Sie den Verkauf der Liegen-
schaft an eine amerikanische Institution
bewerkstelligen wollen, so muss das ohne
Argumente geschehen, welche hier herüben
Schaden anrichten könnten. *

        Mit herzlichen Grüssen

        Ihr

[Unterschrift]

* In anderen Worten: Nur in engster
Koordination mit, mir und unter
meiner Leitung!

professor max bill . architekt bsa .
8048 zurich . albulastrasse 39 . telefon (051) 526060

27-2-70

mr bernhard leitner
54 west 12 street
new york city n. y. / USA

dear mr leitner,

in the *ZEIT* from 20/2/70 I read your interesting essay on the wittgenstein house. I am convinced that definitly something has to be done
in this matter. I would for my part be willing to be of service here.
since I have to travel to vienna in the near future, I would like to use
the opportunity to see the house and get an impression of it for
myself. could you give me the address of the house and if possible inform me of owner, residents, etc., from whom I could request permission to enter? I would be very grateful to you.

It doesn't seem to me to be entirely over-optimistic to arouse the interest of one of the major american foundations for the house. have
you taken any steps in this direction, or would you have any such con-
nections? because even if the house-cum-grounds is expensive, it
would certainly not be a bad capital investment.

as soon as I hear from you i shall look around for possibilities.

kind regards
max bill

professor max bill . architekt bsa . 8048 zürich . albulastrasse 39 . telefon (051) 52 60 60

27-2-70

mr bernhard leitner
54 west 12 street
new york city n. y. / USA

sehr geehrter herr leitner,

in der zeit vom 20-2-70 habe ich ihren interessanten aufsatz über das
haus von wittgenstein gelesen. ich bin nun der auffassung, dass man in
dieser beziehung unbedingt etwas unternehmen sollte und ich würde mich
meinerseits sehr gern dafür verwenden. da ich nächstens nach wien
fahren muss, möchte ich die gelegenheit benützen, das haus zu besichtigen
und mich darüber zu dokumentieren.   können sie mir die anschrift des
hauses angeben und eventuell besitzer, bewohner etc., an die ich mich
für das hineinkommen wenden könnte? ich wäre ihnen sehr dankbar.

es schiene mir nicht ganz aussichtslos, eine der grossen amerikanischen
stiftungen für das haus zu interessieren. haben sie diesbezüglich etwas
unternommen, oder hätten sie verbindungen? denn selbst wenn das haus
mit grundstück teuer ist, wäre es sicher keinesfalls eine schlechte
kapitalanlage.

sobald ich von ihnen nachricht habe, werde ich mich nach möglichkeiten
umsehen.

mit freundlichen grüssen

max bill

Bernhard Leitner
54 West 12 Street
New York,N.Y.1o0ll

Herrn
Prof.Max Bill
Albulastrasse 39
Zuerich

5 - 3 - 70.

Sehr geehrter Herr Bill,

vielen Dank fuer Ihren Brief.Dass Sie sich dafuer
verwenden wollen,eine wuerdige Neuverwendung fuer das
Wittgenstein-Haus zu finden,ist wunderbar!

Ich bin Ihrer Meinung,dass eine amerikanische Stiftung
die ideale Loesung waere - und der Besitzer wuerde dies
auch am liebsten sehen.Das Hauptproblem scheint mir
die zu Verfuegung stehende Zeit zu sein.Das Haus ist
noch nicht verkauft,dies koennte aber in cca 5 Monaten
der Fall sein.

Ich weiss,dass dem Besitzer die Zukunft des Hauses
(einerseits) sehr am Herzen liegt - (andererseits hat
er ein sehr gutes Angebot!).Ich bin auch ueberzeugt,dass
Zeit zu gewinnen ist,wenn Sie ihn naechstens persoenlich
in Wien aufsuchen und die Situation besprechen.

Der Bau von Wittgenstein ist keine lokale,d.h.Wiener
Angelegenheit.

Dr.Thomas Stonborough,der Besitzer,ist ein Neffe von
Ludwig Wittgenstein.Adresse:Wien III.,Kundmanngasse 19.
Tel.: 73 16 19.

Ich schicke Ihnen mit gleicher Post das ARTFORUM (Feb/70),
in dem neben dem Artikel etwas Bilddokumentation ver-
oeffentlicht wurde.

Mit freundlichen Gruessen

4

54 West 12 Street
New York,N.Y.looll

New York,5.Maerz 1970.

Sehr geehrter Herr Dr.Stonborough,

Ich bekam heute ueberraschenderweise einen Brief von
Prof. Max Bill,einer der bekanntesten und fuehrenden
Kuenstlerpersoenlichkeiten nicht nur in Europa,sondern
auch in Amerika.Prof.Max Bill,der jetzt in Zuerich lehrt
und arbeitet war u.a. der Gruender der avantgardistischen
Hochschule fuer Gestaltung in Ulm,die oft als das Bauhaus
der Nachkriegszeit bezeichnet wurde.

Prof.Bill ist am dem Bau von Ludwig Wittgenstein sehr
interessiert und bereit,sich fuer dessen Rettung zu verwenden.
Er denkt dabei vor allem an amerikanische Stiftungen.
Sein Interesse scheint mir von unschaetzbarem Wert!

Ich gab Max Bill Ihre Adresse bekannt.Er beabsichtigt
in naechster Zeit nach Wien zu fahren und bei dieser
Gelegenheit das Haus zu besichtigen und mit Ihnen zu sprechen.

Mit freundlichen Gruessen

Ihr

Bernhard Leitner
54 West 12 Street
New York, N.Y. 10011

Prof. Max Bill
Albulastrasse 39
Zurich

5-3-70

Dear Mr. Bill,

Many thanks for your letter. It is wonderful news that you are eager to help in finding a worthy new use for the Wittgenstein House.

I am of your opinion that an American foundation would be the ideal solution – and the owner would prefer this as well. The main problem seems to me to be the time at our disposal. The house has not been sold yet, but this may very well be the case in around 5 months' time.

I know that the owner's heart is very much concerned about the future of the house (on the one hand) – (on the other hand, he has received a very good offer!). I am also convinced that time can be won, if you meet him personally in Vienna and discuss the situation.

Wittgenstein's building is not a local – in other words a Viennese – matter.

Dr Thomas Stonborough, the owner, is a nephew of Ludwig Wittgenstein. Address: Vienna III, Kundmanngasse 19. Tel: 73 16 19.

With the same post I am sending you the *ARTFORUM* (Feb/70). With the article a first visual documentation was published.

Best regards,

Berhard Leitner

54 West 12 Street
New York, N.Y. 10011

New York, 5 March 1970

Dear Dr Stonborough,

Today I was surprised to receive a letter from Prof. Max Bill, one of the best known and leading artist personalities not only in Europe, but also in America. Prof. Max Bill, who now teaches and works in Zurich, was among other things the founder of the avant-garde Hochschule für Gestaltung (University of Design) in Ulm, which is often called the Bauhaus of the post-war years.

Prof. Bill is very interested in Ludwig Wittgenstein's building and eager to help in its rescue. In this he is thinking primarily of American foundations. His interest seems to me to be of inestimable value!

I gave Max Bill your address. He intends to travel to Vienna in the near future and take the opportunity to view the house and to speak to you.

Best regards,

Berhard Leitner

Fenster, Hauptfassade Window, main facade, 1971

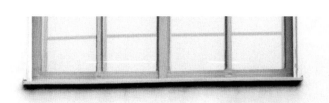

THE LETTER TO THE EDITOR

On March 10, 1970 a letter to the editor appeared as an answer in *Die Presse:* "With regard to the Wittgenstein House, the author could have seen with his own eyes that the building is in good condition and the house entirely inhabited. As the owner maintains, Bernhard Leitner's statements about an intented sale or even demolition have no grounds. The gloomy prediction is nothing but sensationalism. It remains to be seen whether this is conducive to the cause of landmarks preservation. Dr. Peter Pötschner, Office of Landmarks Preservation, Vienna I."

DER LESERBRIEF

5

Am 10.3.1970 erscheint als Antwort ein Leserbrief in *Die Presse* unter „Demoliereroffensive":
„Was das Haus Wittgenstein in der Kundmanngasse 19 betrifft, so hätte sich der Autor durch
eigenen Augenschein leicht überzeugen können, daß der Bauzustand gut ist und daß das Haus
zur Gänze bewohnt wird. Die Behauptungen Bernhard Leitners von einem beabsichtigten
Verkauf oder gar Abbruch entbehren, wie der Eigentümer versichert, jeder Grundlage. Der
Kassandraruf dient nur dazu, dem Artikel einen „Aufhänger" zu verschaffen. Es bleibt dahinge-
stellt. ob solches der Sache des Denkmalschutzes nützt. Dr. Peter Pötschner, Bundesdenkmalamt,
Wien, I."

BRIEFE AN „DIE PRESSE"

Deutsche Radikalkuren

Mit Vergnügen habe ich den Leserbrief von Herrn Jobst von Beckendorff („Zwischen Trotz und Hoffart") in der „Presse" vom 25. Februar gelesen. Darin kommen nämlich gewisse charakteristische Züge der Hochschulreform „made in Germany" deutlich zum Ausdruck: die unerschütterliche Überzeugung von der absoluten Richtigkeit des eigenen Standpunktes, die keine andere Meinung gelten läßt und Beiträge von anderen schlicht als „entbehrlich" abtut. Die Gründlichkeit bis zum Exzeß („Zerstörung der Hochschulen als Stätten institutionell gesicherter Geistesfreiheit", „Radikalkur"). Die etwas schnoddrige und gleichzeitig etwas schwulstige Sprache, die es z. B. für ein durch Beschäftigung mit exakten Wissenschaften verbildetes Gehirn oft schwierig macht, den Sinn eines Satzes zu verstehen (siehe den letzten Absatz des genannten Leserbriefes).

Nun, wenn man derzeit an deutschen Hochschulen das in deutschen Landen beliebte und im Laufe der deutschen Geschichte immer wieder gespielte Gesellschaftsspiel „Wir werden weitermarschieren, bis alles in Scherben fällt" spielt, so ist das in erster Linie Sache der deutschen Jugend, der deutschen Hochschullehrer, der deutschen Politiker und letzten Endes des ganzen deutschen Volkes. Wir in Österreich haben aber vor gar nicht langer Zeit mit diesem Spiel äußerst schlechte Erfahrungen gemacht, und können daher auf deutsche Radikalkuren gern verzichten. Bei uns waren die Exzesse des traditionellen deutschen Hochschul-

systems stets durch Gemütlichkeit, Schlamperei und Vernunft weitgehend gemildert — trotzdem waren unsere Hochschulen keineswegs schlechter. Wir fühlen uns daher durchaus fähig, unsere Hochschulen — an denen sicher manches reformbedürftig ist — nach eigenem Rezept zu kurieren, und wir hoffen, daß dies auch ohne „Zerstörung" möglich sein wird.

Prof. Dr. Wilfried Nöbauer,
Wien-Mauer

Demoliereroffensive

Zu dem in Ihrer Ausgabe vom 28. Februar erschienenen Artikel „Neue Offensive der Demolierer. Mit der Spitzhacke gegen Kornhäusel und Wittgenstein", beehrt sich das Bundesdenkmalamt mitzuteilen:

Ein Antrag zur Demolierung des Sauerhofes in Baden liegt dem Bundesdenkmalamt nicht vor. Vor etwa zwei Jahren bestanden Pläne, den Sauerhof wenigstens zum Teil zu revitalisieren, die auch die Zustimmung des Eigentümers gefunden hatten. Dieses sehr realistische Projekt wurde durch eine Pressekampagne, an der sich auch Friedrich Achleitner beteiligte, zu Fall gebracht. Seither zeigen der Eigentümer und die Stadtgemeinde Baden keinerlei Interesse mehr für die Erhaltung des Objektes.

Was das Haus Wittgenstein in der Kundmanngasse 19 betrifft, so hätte sich der Autor durch eigenen Augenschein leicht überzeugen können, daß der Bauzustand gut ist und daß das Haus zur Gänze bewohnt wird. Die Behauptungen Bernhard Leit-

ners von einem beabsichtigten Verkauf oder gar Abbruch entbehren, wie der Eigentümer versichert, jeder Grundlage. Der Kassandraruf dient nur dazu, dem Artikel einen „Aufhänger" zu verschaffen. Es bleibt dahingestellt, ob solches der Sache des Denkmalschutzes nützt.

Dr. Peter Pötschner,
Bundesdenkmalamt, Wien, I.

Verkehrsdelikte

Der in dem Artikel „Die Frau in den Arrest" („Die Presse", Nummer 65658/16) geschilderte Fall ist gewiß tragisch, meines Wissens, aber leider, gesetzmäßig. Denn Fahren ohne Führerschein wird mit Freiheitsentzug bestraft. Auch einem Fahrer, der 1,000.000 km strafpunkt- und schadenfrei hinter sich hätte und ohne Führerschein angetroffen werden würde, dürfte dasselbe Los kaum erspart bleiben. Und 17 Fahrstunden und noch kein Befähigungsnachweis für ein tadelloses Fahren. Aber wie steht es mit zwei anderen Fällen? Ein prominenter Schauspieler benimmt sich auf der Straße nicht sehr gesellschaftsfähig und eine ebenso prominente Schauspielerin kann man am Volant gerade auch nicht als Dame bezeichnen. Die endgültige Gerichtsentscheidung steht noch aus. Über das im gleichen Artikel erwähnte Rowdytum auf der Straße, kann gleich hier nachgedacht werden.

Nicht einverstanden bin ich jedoch, daß beide ungestört ihren Beruf am selben Theater weiterhin

ausüben können, als hätte sich nichts ereignet. Vor 60 Jahren wären ...

Demoliereroffensive

Zu dem in Ihrer Ausgabe vom 28. Februar erschienenen Artikel „Neue Offensive der Demolierer. Mit der Spitzhacke gegen Kornhäusel und Wittgenstein", beehrt sich das Bundesdenkmalamt mitzuteilen:

Ein Antrag zur Demolierung des Sauerhofes in Baden liegt dem Bundesdenkmalamt nicht vor. Vor etwa zwei Jahren bestanden Pläne, den Sauerhof wenigstens zum Teil zu revitalisieren, die auch die Zustimmung des Eigentümers gefunden hatten. Dieses sehr realistische Projekt wurde durch eine Pressekampagne, an der sich auch Friedrich Achleitner beteiligte, zu Fall gebracht. Seither zeigen der Eigentümer und die Stadtgemeinde Baden keinerlei Interesse mehr für die Erhaltung des Objektes.

Was das Haus Wittgenstein in der Kundmanngasse 19 betrifft, so hätte sich der Autor durch eigenen Augenschein leicht überzeugen können, daß der Bauzustand gut ist und daß das Haus zur Gänze bewohnt wird. Die Behauptungen Bernhard Leitners von einem beabsichtigten Verkauf oder gar Abbruch entbehren, wie der Eigentümer versichert, jeder Grundlage. Der Kassandraruf dient nur dazu, dem Artikel einen „Aufhänger" zu verschaffen. Es bleibt dahingestellt, ob solches der Sache des Denkmalschutzes nützt.

Dr. Peter Pötschner,
Bundesdenkmalamt, Wien, I.

Die Presse, 10.3.1970

Demolition Offensive

Regarding the article "New Offensive of the Demolishers. Wielding the pickaxe against Kornhäusel and Wittgenstein", The Office of Landmarks Preservation respectfully informs:

An application for demolishing the Sauerhof in Baden has not been submitted to the Office of Landmarks Preservation. About two years ago, there were plans to revitalize the Sauerhof at least in part, which would also have met with the approval of the owner. This very realistic project was thwarted by a press campaign, in which Friedrich Achleitner also participated. Since then the owner and the Municipality of Baden have no longer shown the slightest interest in preserving the property.

With regard to the Wittgenstein House, the author could have seen with his own eyes that the building is in good condition and the house entirely inhabited. As the owner maintains, Bernhard Leitner's statements about an intented sale or even demolition have no grounds. Bernhard Leitner's allegations about an intended sale or even demolition are totally unsubstantiated, as is confirmed by the owner. The gloomy prediction is nothing but sensationalism. It remains to be seen whether this is conducive to the cause of landmarks preservation.

Dr. Peter Poetschner,
Office of Landmarks Preservation
(Bundesdenkmalamt), Vienna

Die Presse, March 3, 1970

Neue Offensive der Demolierer

Mit der Spitzhacke gegen Kornhäusel und Wittgenstein

Gefährlich wird es bekanntlich, wenn es um ein Bauwerk stillge-worden ist, wenn die alarmieren-den Nachrichten um einen Ab-bruchskandal lange zurückliegen und sich das Interesse der Öffent-lichkeit bereits neuen „Fällen" zuwendet. Die Polemik um den Badner Sauerhof ist einge-schlafen, deshalb kann man rechnen, daß im Frühjahr bereits der Abbruch erfolgt. So gesehen, stünde es um das einzigartige Bauwerk des weltbekannten Philosophen Ludwig Wittgenstein noch besser. Dieser Fall tritt erst aus einem Netz von Gerüchten in seine spektakuläre Phase, ausge-löst durch einen Artikel Bernhard Leitners in der „Zeit". Der Ab-bruch dieses Unikats der Bau-geschichte erfolgt also (nach den „Wiener Gesetzen") erst 1973 bis 1975.

mit dem Begriff der Stadt Baden den Namen Josef Kornhäusel. Aber jeder, der diese Stadt kennt, schätzt in ihr die Atmosphäre eines bieder-meierlichen Milieus, das keine öster-reichische Stadt so geprägt hat und in keiner Stadt so beherrschend ge-blieben ist. Das heißt, Baden besitzt damit ein Kapital, um das es jede andere Kurstadt beneiden könnte. Aber was man eben hat, das schätzt man nicht. Und was man nicht schätzt, das kann man auch nieder-reißen. Und man wird in Baden so lange demolieren, bis man es mit jeder x-beliebigen Stadt vertauschen kann, in der einige Kurhäuser und Bäder stehen.

Ist es der Sauerhof wirklich wert, ihn mit allen Mitteln zu erhalten? Eines steht fest: Josef Kornhäusel war der repräsentative Architekt des Biedermeier, er hatte die Fähig-keit, dieser bürgerlichen Kultur durch sein großes Können und seine außerordentliche Sensibilität den Stempel aufzudrücken oder besser, die Qualitäten dieser Kultur am schönsten sichtbar zu machen. Einen entscheidenden Teil besitzt (oder besaß) Baden. Nach den Häusern Theresiengasse 8 und 10 entstand das Stadttheater (demoliert). Gleich Ecke Theaterplatz-Pfarrgasse steht der Emilienhof (1812), der wohl zu den schönsten Wohnbauten dieser Zeit gehört. 1813 bis 1815 baut Korn-häusel das Rathaus, zwei Jahre darauf entsteht die Villa Flora (die ihm allerdings nach Herzmansky nicht mehr zugeschrieben wird), 1820 bis 1822 baut er das Engelsbad (verunglückt wiedererbaut) und den Sauerhof als Hotel mit Bad, Restau-rant und Kapelle, der zum Treff-punkt der vornehmen Welt wird. Die Reihe der Badner Bauten krönt zweifellos die Weilburg; sie fällt dem letzten Krieg, dem darauffolgenden Vandalismus und der Dummheit zum Opfer.

Mit der Demolierung des Sauer-hofes wird aber nicht nur der be-deutendste Badner Bau Josef Korn-häusels zerstört, sondern überhaupt eines der hervorragendsten Werke des österreichischen Biedermeiers. Fragen an den Bürgermeister von Baden, an das Bundesdenkmalamt und an die Beteiligten am Abbruch des Sauerhofes:

1. Welche Studien und Entwürfe wurden gemacht, um dem Sauerhof inerhalb der neuen Kurbauten eine entsprechende Funktion zu geben?

2. Wo sind diese Pläne und wer hat sie gemacht?

3. Aus welchen Gründen wurden sie abgelehnt?

4. Glaubt man mit der Qualität und der Atmosphäre der Neubauten, etwa dem „Kurhaus Engelsbad der Versicherungsanstalt öffentlich Be-diensteter" dem Ruf von Baden ent-sprechen zu können?

5. Glaubt man im Zuge der Neu-planungen und Demolierungen auf die historische Umwelt von Baden verzichten zu können?

Damit kein Mißverständnis ent-steht: Natürlich braucht eine leben-dige Kurstadt neue Anlagen, und diese sollen so modern wie nur mög-lich sein. Das gibt aber noch lange keine Rechtfertigung dafür, histori-sche Bauten mit hoher Qualität, mit einer lokalen, aber auch internatio-nalen Bedeutung einfach zu demo-lieren und durch eine gängige Dutzendware zu ersetzen. Ich möchte behaupten, jeder gute Architekt hat so viel Respekt vor Kornhäusel, daß er versucht, seine

neue Anlage in städtebaulicher Korrespondenz mit dem Sauerhof zu errichten, das bedeute keinesfalls eine formale Angleichung. Wenn aber der Sauerhof demoliert wird, so löscht man ...

Während es sich beim Abbruch des Sauerhofes um einen barbari-schen Einbruch in das historische Milieu einer Stadt und um den Ver-lust eines Werkes eines großen Architekten handelt, bedeutet der befürchtete Abbruch des Hauses Wittgenstein (Kundmanngasse 19) die Zerstörung eines Baudenkmals besonderer Art. Zunächst sei fest-gehalten, daß die Behauptungen Leitners nicht verifiziert werden konnten. Erfahrungsgemäß ist das aber in keiner Richtung ein Beweis. Sicher ist, daß das Haus nicht unter Denkmalschutz steht, daß der Bau-zustand in den letzten Jahren sicht-lich schlechter wurde, und das Haus den Eindruck macht, als würde es nur noch teilweise bewohnt werden.

Was bedeutet aber für Wien und die Welt dieses Haus? Nun, was würde es bedeuten, wenn wir von Leibniz oder Kant oder von irgend-einem andern großen Philosophen ein Haus besitzen würden, das dieser selbst entworfen hätte. Es ist die selbstverständliche Pflicht der Stadt Wien, falls dieses Haus zu erwerben ist, dies zu tun und der Welt zu er-halten. Man kann sicher sein, daß dieses Haus, durch seine besondere Art und auch Lage, eine sinnvolle Verwendung findet.

Friedrich Achleitner

Die Presse, 28.2.1970

New Offensive of the Demolition Firms

The pickaxe contra Kornhäusel and Wittgenstein

We all know that things become risky when people stop talking about a building, when the alarming news of a demolition scandal recedes into the past and public interest has been deflected to new "cases". The polemics aroused by the Sauerhof in Baden have dozed off, which is why we can be certain that demolition will take place in spring. Seen this way, things look better for the unique building by the world-famous philosopher Ludwig Wittgenstein. This case is emerging out of a net of rumours into its spectacular phase, sparked off by an article by Bernhard Leitner in the *ZEIT* newspaper. The demo-lition of this unique architectural achieve-ment will be not be on the cards (according to Viennese laws) until 1973/1975.

Whereas the demolition of the Sauerhof is a barbaric attack against the historic ur-ban milieu and the loss of a work by a great architect, the feared demolition of the Wittgenstein House (Kundmanngasse 19) is the destruction of a monument of an extraor-dinary kind. Firstly, it has to be said that Leitner's statements could not be verified. Our experi-ence has shown however, that this is in no way a proof. What is certain is that the house is not a protected landmark, that the state of the build-ing has visibly deteriorated in recent years, and that the house gives the impression that it would be lived in only in part.

However, what does this house mean for Vienna and the world? Well, what would it mean if we owned a house by Leibniz, by Kant, or some other great philosopher, which he had designed himself? It is a self-evident duty of the City of Vienna – should this house become available for purchase – to buy it, and preserve it for the world. One can be sure that proper use for the house will be found, given its special nature and also its location. *Friedrich Achleitner*

Die Presse, February 28, 1970

THE OFFICE OF LANDMARKS PRESERVATION

The Office of Landmarks Preservation, which had been obviously misinformed, wanted to stifle the debate. Moreover, Dr. Pötschner, who was responsible for the case, attacked the Wittgenstein House in unambiguous terms: "… any arbitrary 'meaning' can be given to such a peculiar construct; that spleen and 'cupiditas rerum novarum' might create appealing effects but not 'genuine' form …" (Typoscript of an article by Dr. Pötschner for *Die Presse* of April 10, 1970.) The Office of Landmarks Preservation officially and obstinately not only questioned the artistic merits of the house but also Wittgenstein's central role in designing it. Possibly after having spoken with the owner, who, after all, was eager to sell. This made it even more difficult to save the house.

I now contacted a number of philosophers and students of Wittgenstein. They wrote to the Austrian Consulate General in New York to protest the impending demolition and attest that the building was actually by Wittgenstein. "This is the only significant artwork that I know of that was created by an outstanding philosopher." (Max Black) In mid-May 1970, the letters from Prof. Max Black, Prof. Norman Malcolm, Prof. Stewart Brown and Prof. von Wright were forwarded "to appropriate authorities" in Vienna.

In August 1970, Dr. Thalhammer, president of the Landmarks Preservation Commission, mailed his reply to the Consulate General: "It is obvious that in the long run the single-family house designed for a grand bourgeois style of life cannot be maintained as a residence. There is no real reason to declare it a landmark since the artistic value of the house as well as Wittgenstein's role as architect are dubious …"

At that time Thomas Stonborough, the owner, and the Office of Landmarks Preservation were claiming that Paul Engelmann had built the house. However, from my conversations and correspondence with Thomas Stonborough, I knew that Wittgenstein was the actual architect. A phone call to Professor von Wright, one of Wittgenstein's students, confirmed this. When he met with Paul Engelmann in Tel Aviv, Engelmann confirmed that the house was built by Ludwig Wittgenstein. This most significant statement was again confirmed many years later in the letters Paul Engelmann had written to Hermine Wittgenstein and to Friedrich Hayek.

DAS DENKMALAMT

Das Denkmalamt, offensichtlich falsch informiert, will die Debatte abwürgen. Darüber hinaus findet der Landeskonservator von Wien, Dr. Pötschner, eindeutige Worte gegen das Haus Wittgenstein: „Einem so eigenartigen Gebilde kann jeder beliebige ‚Sinn' unterlegt werden, Spleen und cupiditas rerum novarum können zwar reizvolle Effekte, aber noch keine ‚echte' Form schaffen …" (Typoscript eines Artikels des Landeskonservators für *Die Presse* vom 10.4.1970.) Das Denkmalamt zweifelt offiziell und obstinat nicht nur die Leistung von Ludwig Wittgenstein, sondern die Urheberschaft von Wittgenstein an. Möglicherweise nach Rücksprache mit dem verkauforientierten Besitzer. Die Rettung des Hauses wird noch schwieriger.

Nun kontaktierte ich mehrere Philosophen und Schüler Wittgensteins. Sie schreiben an das österreichische Generalkonsulat in New York, um gegen den drohenden Abbruch zu protestieren, und attestieren die eindeutige Autorschaft von Wittgenstein. „Dies ist der einzige mir bekannte Fall eines bedeutenden Kunstwerkes, welches von einem hervorragenden Philosophen geschaffen wurde." (Max Black) Die Briefe von Prof. Max Black, Prof. Norman Malcolm, Prof. Stewart Brown und Prof. von Wright werden Mitte Mai 1970 „an die zuständigen österreichischen Stellen" in Wien weitergeleitet.

Im August 1970 schickt Dr. Thalhammer, Präsident des Denkmalamtes, seine Antwort an das Generalkonsulat nach New York „… Freilich wird sich das großbürgerlichen Lebensverhältnissen angepasste Einfamilienhaus als Wohnhaus nicht auf Dauer halten können. Eine Unterschutzstellung ist kaum in Erwägung zu ziehen, da ebenso wie die künstlerische Bedeutung des Hauses auch die Rolle Wittgensteins als Architekt mehr als problematisch ist …"

Besitzer Thomas Stonborough und Denkmalamt argumentierten zu diesem Zeitpunkt, dass Paul Engelmann das Haus erbaut habe. Aus meinen Gesprächen mit demselben Besitzer Thomas Stonborough, aus seinen Briefen und durch meinen eigenen Blick wusste ich aber, dass Wittgenstein der Architekt dieses Hauses war. Das Wesen dieser Architektur ist Ludwig Wittgenstein. Ein Telefongespräch mit Professor von Wright, Schüler von Wittgenstein, gab mir weitere Gewissheit. Von Wright hatte Paul Engelmann in Tel Aviv besucht. Bei dieser Gelegenheit sagte Engelmann, dass der Bau in seiner endgültigen Form das Werk von Ludwig Wittgenstein sei: eine ganz wesentliche Aussage zur Urheberschaft und zur Ästhetik, die erst viele Jahre später aus den Briefen von Paul Engelmann an Hermine Wittgenstein und Friedrich Hayek bekannt wurde.

Wittgensteins Haus

Von Peter Pötschner

Mir ist es schon seit meiner Kindheit bekannt. Beim Spaziergang
mit den Eltern über die Kundmanngasse zum Prater kam ich oft an
dem damals noch neuen Haus vorbei. Man sah von der Straße nicht
viel davon und darin lag für mich sein besonderer Reiz. Es ver-
barg sich hinter einer bis zu sechs Meter hohen Mauer, die das
große Grundstück, das einst zum Rasumofskyschen Park gehörte
und zuletzt nur noch eine Seifensiederei beherbergt hatte, von
allen Seiten umschloß. In der mit großen Eternitplatten ver-
kleideten Mauer befand sich ein Einfahrtstor und ein vergitter-
tes Pförtchen, aber das Tor war stets verschlossen und hinter
dem Pförtchen wandte sich der Stiegenaufgang schroff nach links,
so daß wieder nichts als Mauer zu sehen war. Von der stillen,
in die Erdbergerstraße mündenden Parkgasse aus war etwas mehr
zu sehen: Bäume und Sträucher und dazwischen ein villenartiges,
würfeliges Gebäude mit hohen, nackt wirkenden Fenstern.

Hier soll aber nicht von der
Lehre dieses Mannes die Rede sein, nur von dem Haus, das an-
geblich seine Schöpfung ist; so steht es jedenfalls in einigen
Artikeln, die sich kürzlich damit befaßt haben und Aufschluß-
reiches über die Verwirklichung logisch-philosophischer Ideen in
diesem Bauwerk zu sagen wußten. Damit die aktuelle Pointe nicht
fehle, war auch von drohendem Abbruch die Rede. Die ganze Sache
ist zu sonderbar, um achtlos daran vorbeizugehen.

Zunächst das Augenscheinliche: ein freistehendes, unregelmäßiges
Gebäude, von jeder Seite einen anderen Anblick gewährend; kubi-
sche Baukörper verschiedener Dimension, scheinbar spielerisch
zusammengefügt; bestimmender Eindruck das komplexe, orthogonale
des Gebildes, verstärkt durch Terrassendächer. Kahle Fassaden.

Auszüge aus dem Typoscript eines Artikels des Landeskonservators
Peter Pötschner für *Die Presse* vom 10.4.1970.
Excerpts from the typoscript by Peter Pötschner (Head of the Office
of Landmarks Preservation Vienna), of an article for the Viennese
newspaper *Die Presse* of April 10, 1970.

Im Inneren: hohe Türen, wie die hohen Fenster
aus Stahl und Glas; im Vestibül und in allen anderen Räumen des
Erdgeschosses Fußboden aus großen polierten dunkelgrauen Beton-
platten; aus diesem Material auch Stufen und Kaminverkleidungen;
kleinere Verbindungstüren aus graugestrichenem Stahlblech, mit
schlichten Drückern, wie Türen in Luftschutzräumen; all das eindrucksvoll streng und kühl. Die Raumordnung unregelmäßig und wie
das Äußere nicht leicht durchschaubar. Sicher läßt sich in diesem
Haus leben.

Die Frage, unter der Voraussetzung gestellt, daß der
Bau von Ludwig Wittgenstein geplant oder doch entscheidend mit-
gestaltet worden ist, geht dahin, ob es sich hier um Architektur
oder um begabten Dilettantismus handelt, ob hier ein "Dokument"
oder ein Kuriosum vorliegt, wie es vergleichsweise eine von
Sigm.Freud angefertigte Laubsägearbeit wäre.

Nach Akten des Wiener Stadtbauamtes ist das Haus 1926/27 von den
Architekten Paul Engelmann und Ludwig Wittgenstein errichtet
worden. Von dem aus Olmütz stammenden und vor einigen Jahren in
Israel verstorbenen Engelmann weiß man hier wenig. Mit Wittgenstein verband ihn eine Kriegskameradschaft. In einem Erinnerungs-
buch bezeichnet er sich als Schüler von Adolf Loos; daß er in
dessen Bann gestanden, ist offenkundig. Zu den Berühmtheiten
zählt Engelmann bisher nicht. Soweit ich sehe, hat er in Wien
nichts anderes gebaut, ja hier nicht einmal ein Büro besessen.
Und Wittgenstein ? Der war kein Architekt, hatte sich nie mit
Architektur befaßt. So sorglos konnte man damals diesen Titel
usurpieren. Wer war nun der eigentliche Schöpfer des originellen
Hauses? Diese Frage beantwortet der jetzige Hausherr, Thomas
Stonborough, mit der lapidaren Feststellung: Margaret Stonborough! Die Entstehungsgeschichte des Hauses ist merkwürdig.
Hier ist sie in Kürze; der Bericht gibt Erzähltes wieder:

Halle mit einzelner Glühbirne Hall with single light bulb, 1969

Eine seltsame Arbeitsgemeinschaft entstand: Margaret Stonborough: sie verlangte die unkonventionelle Gruppierung der Räume, die hohen Fenster (wie schon in der für sie um 1920 von Rudolf Perco umgebauten Villa Toscana in Gmunden) und die hohe, den Alltag abhaltende Gartenmauer gegen die Kundmanngasse, durch die damals noch lärmerregend der Vierer fuhr; Paul Engelmann: er zeichnete Entwurf um Entwurf (sein Skizzenbuch ist erhalten), zunächst gedacht für Gründe in der Nachbarschaft des Wittgensteinschein Elternhauses Argentinierstraße 16; und Ludwig Wittgenstein: er ersann die hypokaustische Heizung, den polierten Betonboden, die Bunkertüren, und als Beleuchtungskörper nackte Glühbirnen, am Kabel von der Decke hängend.

die sehr feminine Frau, die das Haus für sich erbauen ließ und es auch jahrzehntelang bewohnte, hat letzten Endes nur akzeptiert, was ihr gefiel. Was in stundenlangen intensiven Gesprächen heranreifte und dann in der von Engelmann bewirkten Ausführung Gestalt annahm, entspricht den tastenden, neuen Wege suchenden Zwanzigerjahren. Vieles aus dieser Zeit hat sich später als Irrweg erwiesen.

Auf die vorhin gestellten Fragen ließe sich nun manches sagen, z.B. daß einem so eigenartigen Gebilde jeder beliebige "Sinn" unterlegt werden kann; daß Spleen und Cupiditas rerum novarum zwar reizvolle Effekte, aber noch keine "echte" Form schaffen können und daß jeder Architekt zum bloßen Erfüllungsgehilfen degradiert werden könnte, brächte man die tausend Wünsche und Einfälle der Bauherrschaft vom künstlerischen Ganzen in Abzug. Zweifellos ist das Interieur des Hauses Zeugnis einer verfeinerten, heute fast völlig entschwundenen Geisteskultur, aber wohl nur solange Reste dieser Kultur darin lebendig sind.

Wittgenstein's House

by Peter Pötschner

I've known it ever since my childhood. When strolling with my parents across Kundmanngasse on our way to the Prater I often passed the house, new at the time. You didn't see much of it from the street, and for me this was its special fascination. It was concealed behind a wall about six meters high surrounding all sides of a large plot of land that once belonged to the Rasumofsky Park but most recently accommodated nothing more glamorous than a soap factory. In the wall, clad with large Eternit panels, there was a driveway entrance gate and a smaller barred gate, but the larger gate was always closed; the steps turned sharp left behind the smaller one, so that yet again nothing could be seen but wall. More was visible from the quiet Parkgasse leading into Erdbergstrasse; trees and shrubs, and in between a villa-type, cube-shaped building with high, bare-looking windows.

[…] But this is not the place to talk about this man's teachings, only about the house, said to be his creation; this is stated at any rate in several recently published articles purporting to provide insight into the realisation of logical-philosophical ideas reflected in this building. And not to forget the topical point, there was also talk of impending demolition. The whole matter is too odd to pass by without paying it some attention.

First the obvious: a free-standing, irregular building, allowing a view from every side; cubic structure of different dimensions, assembled seemingly in play; the defining impression made by the complex, orthogonal configuration, reinforced by terrace roofs. Bare façades.

In the interior: high doors, made of steel and glass like the high windows; floors in the vestibule and in all other rooms on the ground floor of large, polished, dark-grey concrete slabs; stairs and fireplace facing also made of this material; smaller connecting doors of grey-painted sheet steel, with plain door handles, like doors in air-raid shelters; all this is impressively austere and cool. Room arrangement irregular and like the outside not easy to grasp. Certainly one can live in this house.

[…] Presuming the building was planned by or fundamentally influenced by Ludwig Wittgenstein, the question arises whether we have architecture here, or talented dilettantism, whether we have a "document" or a curiosity before us, rather like a fretwork object made by Sigmund Freud.

According to documents of the Vienna Municipal Planning and Building Control Office, the house was built in 1926/27 by the architects Paul Engelmann and Ludwig Wittgenstein. We have little information here about Paul Engelmann, originally from Olomouc and who died some years ago in Israel. He and Wittgenstein were wartime comrades. In his memoirs Engelmann describes himself as a pupil of Adolf Loos and it is quite evident that he was enthralled by Loos. Engelmann has never been counted among the famous. As far as I know, he never built anything else in Vienna, nor did he have his own office here. And Wittgenstein? He was not an architect, he never concerned himself with architecture. Apparently one could usurp this title very unheedingly at the time. Who was then the actual creator of this unusual house? This question is succinctly answered by the present owner, Thomas Stonborough: Margaret Stonborough! The genesis of the house is peculiar. The account, as it was related:

[…] A curious working team was formed: Margaret Stonborough: she stipulated the unconventional grouping of the rooms, the high windows (just like in the Villa Toscana in Gmunden, which had been remodelled for her around 1920 by Rudolf Perco), and the high garden wall keeping out the hum-drum life of every day, facing Kundmanngasse through which the tramway line 4 loudly drove in those days; Paul Engelmann: he drew plan after plan (his sketchbook is still preserved), at first intended for grounds in the neighbourhood of the Wittgenstein parents' house on Argentinierstrasse 16; and Ludwig Wittgenstein: he devised the hypocaust heating, the polished concrete floor, the bunker doors, and naked light bulbs as lighting sources, suspended on cables from the ceiling.

[…] the very feminine woman who commissioned the building for herself and lived in it for decades in the end accepted only what she liked. What matured in hours of intensive talks and then took shape in Engelmann's execution corresponds to the nineteen-twenties and their tentative quest for new ways. Much of what this era produced has since proved to have been on the wrong track.

We can answer the aforementioned question thus: if we could deduce the thousand wishes and ideas of the architect's client from the artistic totality, we would see that any arbitrary "meaning" can be given to such a peculiar construct; that spleen and cupiditas rerum novarum might create appealing effects but not "genuine" form, and that every architect could be degraded into a mere performing agent if one would deduct the thousand wishes and ideas of the architect's client from the artistic whole. Without doubt, the interior of the house is witness to a refined and today almost completely vanished intellectual culture, but probably only as long as vestiges of this culture remain a living force within it.

1971

THE OFFICE OF LANDMARKS PRESERVATION

OFFICE OF MIDTOWN PLANNING AND DEVELOPMENT
OFFICE OF THE MAYOR
CITY OF NEW YORK

April 2,1970.

Prof.John Searle
Department of Philosophy
University of California
Berkeley
California

Dear Mr.Searle,

from 1926 to 1928 the philosopher Ludwig Wittgenstein designed a
mansion in Vienna,which is of outstanding architectural quality,
still in excellent condition - and now for sale.

Richard Weinstein,Director of the Mayor's Office of Lower Manhattan
Development,suggested approaching you in an effort to save the
building.It has not been declared an official landmark,but even if
it had been,a meaningful reuse of this unique document seems to
be more important.The spatial qualities would allow a wide range
of adaptation,however creating a center for philosophical studies,
discussions or seminars would certainly be the most appropriate
and desirable reuse.

One method of financing this project could be joint purchase
by several leading universities.For this reason we are contacting
you.So far it is only an idea - and we would be grateful for any
support you can give us.

Sincereley yours,

Bernhard Leitner

Enclrs

UNIVERSITY OF CALIFORNIA, BERKELEY

BERKELEY · DAVIS · IRVINE · LOS ANGELES · RIVERSIDE · SAN DIEGO · SAN FRANCISCO   SANTA BARBARA · SANTA CRUZ

DEPARTMENT OF PHILOSOPHY   BERKELEY, CALIFORNIA   94720

April 16, 1970

Mr. Bernhard Leitner
Office of Midtown Planning
 and Development
Office of the Mayor
New York, New York

Dear Mr. Leitner:

    I think your proposal to save the Wittgenstein mansion for philo-
sophical purposes is an excellent one. I have two suggestions to make.
First, I think you should find out which American universities have
overseas campuses in Vienna, or anywhere else in Austria. One or more
of these universities might be interested in buying the Wittgenstein
mansion for use as an overseas campus of the university. I believe you
can find out which American universities have overseas campuses in
Austria from the American Council on Education. Secondly, I believe
you should contact the American Philosophical Association with your
proposal. I do not know whether or not they have funds to help with
the cost of the mansion but they may have some ideas as to how any such
project could be financed.

    Please give my regards to Richard Wienstein.

                         Sincerely yours,

                         John R. Searle

JRS:arw

OFFICE OF MIDTOWN PLANNING AND DEVELOPMENT

OFFICE OF THE MAYOR
CITY OF NEW YORK

April 24,1970.

Prof.Georg Henrik von Wright,
The Sage School of Philosophy,
Goldwin Smith Building
CornelⅡUniversity
Ithaca,N.Y.

Dear Mr.von Wright,

I was pleased talking to you on the telephone last Saturday.Your offer
of help in the attempt to save the Wittgenstein building through
converting it into a center for philosophical studies is very valuable.

At the present time it seems to me important to set up a program,i.e.how
such a center for philosophical studies could function.Therefore my
suggestion is that you approach professional educators at several
universities (Harvard,Princeton,etc)in order to get ideas or agreement
on the purpose of such a center.After that in a second step we'll have
to face the question how to finance and run the project(joint purchase
by several universities,foundation,special fund).

As a first step I wrote to JohnR.Searle of the University of California,
Berkely.In his answer Mr.Searle suggested that the American Philosophical
Association should be contacted,they may have some ideas as to how
money for the purchse could be raised.

I'm enclosing also a copy of my article in case it is needed.
And I hope we can meet before you leave the country.

Sincerely yours,

Bernhard Leitner

Enc.

Jaquelin T. Robertson, *Director* • William G. Bardel, *Deputy Director*
2 Lafayette Street, Room 1403, New York 10007

CORNELL UNIVERSITY

THE SAGE SCHOOL OF PHILOSOPHY
GOLDWIN SMITH HALL
ITHACA, NEW YORK 14850

28 April 1970

Dear Mr Leitner,

Thank you for your letter with enclosures. The time of my departure from here is approaching, and I shall in all probability not go to New York City before leaving the country (on Sunday evening from Kennedy). My home address is 4, Skepparegatan, Helsingfors, Finland. *(655192)*

It is possible that you will be contacted by a leading member of this university, Professor Max Black (philosopher), about the Wittgenstein house. His address, should you wish to contact him is 408, Highland Road, Ithaca, N.Y. 14850. I have given him your address and telephone number.

I have also given your address to Professor Patrick Suppes (Ventura Hall, Stanford University, Stanford, California 94305). He is a philosopher and a very influential force in general university matters at Stanford. I believe that he is seriously interested in the house question and of all persons, whom I have contacted in the matter, the one who is most likely to be able to do something.

I have put Professor Searle's suggestion to contact the American Philosophical Association to Professor Black, and perhaps he will take some steps, but since APA would not have money of its own the most it could do would be to publicize the matter one way or other.

Once I am out the country, I am afraid there is very little I can do in the matter, but should I be of any use, I am willing to help. I expect to be back here some time in the coming academic year, but then the matter is perhaps already settled.

It would, needless to say, be very nice, if Wittgenstein's house could be used for academic purposes – but the principal thing, as I see it, is that it should be rescued from the vandalism which is threatening it.

Yours sincerely,

G. H. von Wright

2. April 1970
Prof. John Searle
Department of Philosophy
University of California
Berkeley
California

Sehr geehrter Herr Searle,

von 1926 bis 1928 entwarf der Philosoph Ludwig Wittgenstein eine Villa in Wien, die von außerordentlicher architektonischer Qualität und ungewöhnlich gut erhalten ist – und jetzt zum Verkauf steht.

Richard Weinstein, Director, The Mayor's Office of Lower Manhattan Development, hat mir geraten, mich in meinen Bemühungen, den Bau zu retten, an Sie zu wenden. Das Gebäude steht nicht unter Denkmalschutz, aber selbst wenn es das wäre, scheint eine sinnvolle Wiederverwendung dieses einzigartigen Dokumentes wichtiger zu sein. Die räumliche Anlage des Hauses würde ein breites Spektrum von Adaptierungenn zulassen, allerdings wäre die Errichtung eines Zentrums für philosophische Studien, Diskussionen oder Seminare sicher die am meisten geeignete und wünschenswerte Form einer Wiederverwendung.

Ein Weg, das Projekt zu finanzieren, könnte der sein, dass mehrere führende Universitäten den Bau gemeinsam erwerben. Das ist der Grund, weshalb wir mit Ihnen Verbindung aufnehmen. Bislang handelt es sich nur um eine Idee – und wir wären Ihnen für jede Art der Unterstützung dankbar.

Mit freundlichen Grüßen

Bernhard Leitner

Anlagen

University of California, Berkeley
Department of Philosophy
Berkeley, California 94720
16. April 1970

Mr. Bernhard Leitner
Office of Midtown Planning and Development
Office of the Mayor
New York, New York

Sehr geehrter Herr Leitner,

Ihre Idee, die Wittgenstein Villa für philosophische Vorhaben zu retten, finde ich ausgezeichnet. Ich habe zwei Vorschläge. Erstens denke ich, dass Sie herausfinden sollten, welche amerikanischen Universitäten in Wien oder irgendwo sonst in Österreich eine Niederlassung haben. Eine oder mehrere dieser Universitäten könnten Interesse daran haben, die Wittgenstein Villa zu erwerben, um sie als Auslands-Campus der Univerität zu verwenden. Ich glaube, Sie können durch das American Council of Education herausfinden, welche amerikanischen Universitäten einen Auslands-Campus haben. Zweitens finde ich, dass Sie mit Ihrem Vorschlag an die American Philosophical Association herantreten sollten. Ich kann Ihnen nicht sagen, ob der Verband über eigene Mittel verfügt, um den Kauf der Villa zu unterstützen, aber vielleicht kann man Ihnen mit Ideen zur Finanzierung eines solchen Projekts helfen.

Bitte lassen Sie Richard Weinstein von mir grüßen.

Mit freundlichen Grüßen

John R. Searle

24. April 1970
Prof. Georg Henrik von Wright
The Sage School of Philosophy
Godwin Smith Building
Cornell University
Ithaca, N.Y.

Sehr geehrter Herr von Wright,

über das Telefonat mit Ihnen am vergangenen Samstag habe ich mich gefreut. Ihr Angebot, den Versuch zu unterstützen, das Wittgenstein-Haus durch eine Umwidmung zu einem Zentrum für philosophische Studien zu retten, ist sehr wertvoll.

Im Augenblick erscheint es mir wichtig zu sein, ein Programm auszu-arbeiten, sich also zu überlegen, wie so ein Zentrum für philosophische Studien funktionieren könnte. Mein Vorschlag wäre daher, dass Sie mit an verschiedenen Universitäten (Harvard, Princeton usw.) im Lehr-beruf tätigen Personen Verbindung aufnehmen, um Ideen zu sammeln bzw. ein Übereinkommen zu erwirken im Hinblick auf den Zweck eines solchen Zentrums. Dann müssen wir uns in einem zweiten Schritt der Frage widmen, wie das Projekt zu finanzieren und umzu-setzen ist (gemeinsamer Ankauf durch mehrere Universitäten, Stiftung, Sondermittel).

Ich habe als ersten Schritt John R. Searle von der University of California in Berkeley geschrieben. In seinem Antwortschreiben hat Herr Searle angeregt, sich mit der American Philosophical Association in Verbindung zu setzen, weil von dieser Seite unter Umständen Vor-schläge zu erwarten sind, wie sich das Geld für einen Ankauf des Hauses beschaffen lassen könnte.

Ich lege Ihnen eine Kopie meines Artikels bei, für den Fall, dass Sie dies benötigen. Ich hoffe, dass wir uns treffen können, bevor Sie das Land verlassen.

Mit freundlichen Grüßen

Bernhard Leitner

Cornell University
The Sage School of Philosophy
Godwin Smith Hall
Ithaca, New York, 14850
28. April 1970

Sehr geehrter Herr Leitner,

vielen Dank für Ihr Schreiben und die Anlagen. Der Zeitpunkt meiner Abreise von hier rückt näher, und ich werde höchstwahrscheinlich nicht nach New York City kommen, bevor ich das Land (am Sonntag-abend vom Kennedy Airport aus) verlasse. Meine Wohnadresse ist Skepparegatan 4, Helsingfors, Finnland. [655 192]

Möglicherweise wird sich ein führendes Mitglied dieser Universität, Professor Max Black (Philosoph), wegen des Wittgenstein-Hauses mit Ihnen in Verbindung setzen. Sollten Sie ihn kontaktieren wollen, hier seine Adresse: 408 Highland Road, Ithaca, N.Y. 14850. Ich habe ihm Ihre Adresse und Telefonnummer gegeben.

Auch Professor Patrick Suppes (Ventura Hall, Stanford University, Stanford, Kalifornien 94305) habe ich Ihre Adresse gegeben. Er ist Philosoph und hat in allgemeinen universitären Belangen großen Ein-fluss in Stanford. Ich glaube, dass er sich sehr für die Frage des Hauses interessiert und von allen, an die ich mich in der Angelegenheit gewandt habe, ist er derjenige, der vermutlich am ehesten etwas tun kann.

Ich habe Professor Black den Vorschlag von Professor Searle unter-breitet, mit der American Philosophical Association Kontakt aufzu-nehmen, und er wird vielleicht einige Schritte unternehmen, aber da der APA keine eigenen Mittel zur Verfügung stehen, könnte sie höchs-tens die Sache in irgendeiner Weise an die Öffentlichkeit tragen.

Ich fürchte, dass ich, sobald ich einmal das Land verlassen haben werde, nur wenig tun kann, bin aber zu helfen bereit, wenn man mich braucht. Ich werde wahrscheinlich im Lauf des kommenden akade-mischen Jahres für einige Zeit hier sein, aber die Sache wird ja dann vielleicht schon erledigt sein.

Es erübrigt sich wohl, zu sagen, dass es sehr schön wäre, wenn Witt-gensteins Haus für akademische Zwecke zur Verfügung stehen würde – am wichtigsten aber ist meiner Ansicht nach, dass es vor dem Van-dalismus bewahrt wird, der es jetzt bedroht.

Mit freundlichen Grüßen

Georg Henrik von Wright

The Sage School of Philosophy
Godwin Smith Hall
Ithaca, New York 11850

1. Mai 1970

Mr. Heinrich Gleissner
c/o Consulate General of Austria
31 East 69th Street
New York, New York

Sehr geehrter Herr Gleissner,

wir wurden auf die Möglichkeit aufmerksam gemacht, dass das Haus, das der berühmte Philosoph Ludwig Wittgenstein in der Kundmanngasse in Wien gebaut hat, von seinem Eigentümer an ein Bauunternehmen verkauft und abgerissen werden könnte, um für einen Wohnblock Platz zu machen. Wir, die Unterzeichner dieses Schreibens, wollen Ihnen als offiziellem Vertreter Österreichs in diesem Land unsere tiefe Betroffenheit über die Aussicht auf eine solche Zerstörung zum Ausdruck bringen. Das Wittgenstein-Haus ist das Werk eines Mannes, der weithin nicht nur als der herausragende Philosoph dieses Jahrhunderts, sondern auch als einer der großen Philosophen aller Zeiten anerkannt ist. Das Haus in der Kundmanngasse ist bis ins kleinste Detail sein Werk. Es ist ein Bauwerk von immanenter Schönheit, und gleichzeitig eine einzigartige und unwiederholbare Aussage über das Denken seines Schöpfers. Dessen vorsätzliche Zerstörung würde weltweit von der intellektuellen Gemeinde als bedauernswerter Akt von Vandalismus und ein nicht wieder gutzumachender Verlust im reichen Schatz der Kulturdenkmäler Wiens betrachtet werden.

Wie wir die Lage einschätzen, liegt die einzige Möglichkeit, den Bau auf Dauer zu erhalten, darin, ihn als Denkmal unter gesetzlichen Schutz zu stellen. Wir hoffen ernsthaft, dass Sie Ihren Einfluss geltend machen werden, um die verantwortlichen Stellen in Österreich von der Sorge in Kenntnis zu setzen, die viele Menschen in den Vereinigten Staaten und in anderen Ländern im Hinblick auf die Zukunft des Wittgenstein-Hauses hegen, und deren eindringlichem Wunsch, dass der Bau unter Schutz gestellt wird und so für die Nachwelt erhalten wird.

Mit freundlichen Grüßen

Max Black, Director
The Society for the Humanities
Susan Linn Sage Professor of Philosophy

May 1, 1970

Mr. Heinrich Gleissner
c/o Consulate General of Austria
31 East 69th Street
New York, New York

Dear Mr. Gleissner:

Our attention has been drawn to the possibility that the mansion
which the famed philosopher, Ludwig Wittgenstein, built in Kundmanngasse,
Vienna, may be sold by its owner to a builder and torn down to make
way for an apartment house. We, the undersigned, wish to express to
you, an official representative of Austria in this country, our deep
concern at the prospect of such an act of destruction. The Wittgenstein mansion is the work of a man who is widely regarded, not only
as the outstanding philosopher of this century, but as one of the
great philosophers of all time. The house in Kundmanngasse is
Wittgenstein's work in minutest detail. It is a building of intrinsic
beauty, as well as a unique and unrepeatable expression of its creator's
mind. Its deliberate destruction would be regarded by the intellectual
community all over the world as a deplorable act of vandalism, and as
a irreparable loss to the treasury of cultural monuments in Vienna.

As far as we can see, the only way to secure the permanent
preservation of the building is to declare it a national monument
protected by law. May we express the earnest hope that you will use
your influence to make known to responsible circles in Austria, the
concern which many people, in the United States and other countries,
feel about the future of the Wittgenstein mansion, and their anxious
desire that it will be protected and preserved for posterity.

Sincerely yours,

Max Black

Max Black, Director
The Society for the Humanities
Susan Linn Sage Professor of Philosophy

Mr. Heinrich Gleissner
Page 2
May 1, 1970

Stuart M. Brown, Jr.
Professor of Philosophy
Vice-President for Academic Affairs
Cornell University

Norman Malcolm
Susan Linn Sage Professor of Philosophy
Chairman, Department of Philosophy

Georg Henrik von Wright
The Academy of Finland
Andrew D. White Professor-at-Large
Cornell University

The Society for the Humanities
308 Wait Avenue
Ithaca, New York 14850

4. Mai 1970

Mr. Heinrich Gleissner
c/o Consulate General of Austria
31 East 69th Street
New York, New York

Sehr geehrter Herr Gleissner,

vor wenigen Tagen habe ich mich mit einem Schreiben an Sie gewandt, welches auch von mehreren prominenten Kollegen unterzeichnet worden ist, um Sie auf die drohende Gefahr der Zerstörung des von Ludwig Wittgenstein geplanten und gebauten Hauses in der Kundmanngasse in Wien aufmerksam zu machen. Ich würde dem noch gern einige Bemerkungen hinzufügen.

Da ich das Haus besucht habe, kann ich dessen große Bedeutung bezeugen als eine herausragende architektonische Leistung, deren Verlust nicht wiedergutzumachen wäre. Zudem ist zu bedenken, dass es der einzige mir bekannte Fall ist – zumindest zum jetzigen Zeitpunkt – eines bedeutenden Kunstwerkes, das von einem herausragenden Philosophen geschaffen. Angesichts der allseits anerkannten Bedeutung Wittgensteins als einer der großen Erneuerer zeitgenössischen Denkens, bin ich überzeugt, dass viele, die sein Andenken in Ehren halten, die Möglichkeit sehr begrüßen würden, ein Haus zu besuchen, das in jedem Detail Ausdruck seiner bemerkenswerten Intelligenz und Sensibilität ist. Ich hoffe sehr, dass sich ein Weg finden lässt, dieses Haus vor dem „Fortschritt" zu bewahren und dafür eine geeignete und würdige Verwendung zu finden.

Mit freundlichen Grüßen

Max Black
Director

THE SOCIETY FOR THE HUMANITIES

308 WAIT AVENUE

ITHACA, NEW YORK 14850

May 4, 1970

Eingelangt am:
Zahl: 3684-A170
Faszikel:

Mr. Heinrich Gleissner
c/o Consulate General of Austria
31 East 69th Street
New York, New York

Dear Mr. Gleissner,

    I recently sent you a letter, also signed by some distinguished colleagues, drawing your attention to the imminent danger of the destruction of the house in Kundmanstrasse in Vienna that was designed and built by Ludwig Wittgenstein. May I add some further remarks?

    Having visited the house, I can testify to its great interest as an outstanding architectural achievement, which would be an irreparable loss. There is the further consideration that this is the only case known to me of the existence -- at least for the present -- of a major work of art created by an outstanding philosopher. Given Wittgenstein's secure place as one of the great innovators of modern thought, I believe that the many who venerate his memory would welcome immensely a chance to visit a house that bears in every detail the imprint of his remarkable intelligence and sensibility. I very much hope that some way can be found to save his house from "progress" and to find some suitable and dignified use for it.

    Yours sincerely,

Max Black

Max Black
Director

MB:ov

ACLS
American Council of Learned Societies
345 East 46th Street (at United Nations Plaza)
New York, N.Y. 10017
Telegrammanschrift: ACOLSOGNEWYORK
Telefon: (212) 986-7393

8. Mai 1970

Mr. Heinrich Gleissner
c/o Consulate General of Austria
31 East 69th Street
New York, New York 10021

Sehr geehrter Herr Gleissner,

ich habe davon Kenntnis erhalten, dass das Ludwig Wittgenstein-Haus in Wien möglicherweise abgerissen wird, damit auf dem Grundstück ein Wohnblock errichtet werden kann. Wittgenstein gilt weltweit als einer der großen Philosophen aller Zeiten, und das Haus in der Kundmanngasse gilt weithin als direkter Ausdruck seines außergewöhnlichen Denkens. Das Haus ist daher mehr als nur ein nationales Denkmal; als lebendiger, direkter Ausdruck von Wittgenstein Persönlichkeit gehört es der gesamten Welt. Seine Zerstörung würde weltweit beklagt werden.

Da Sie in New York ansässig sind, werden Sie sich sicherlich der historischen Bauwerke bewusst sein, die in dieser Stadt im Namen des „Fortschritts" abgerissen wurden. Leider erwartet man in einem Land mit wenig Achtung vor seiner Geschichte und seinen Traditionen respektlose Zerstörung seines kulturellen Erbes. Nichtsdestotrotz ist es uns gelungen, einige Gebäude unter gesetzlichen Schutz zu stellen, indem man sie zu Kulturdenkmälern erklärte, und ich hoffe, dass das auch im Fall des Wittgenstein-Hauses möglich ist. Sicherlich werden die Österreicher mit ihrer großen Wertschätzung für die kulturellen Schätze Wiens eine solche Entweihung nicht zulassen.

Ich ersuche Sie als offiziellen Vertreter Österreichs dringend, Ihrer Regierung das hier beschriebene Anliegen der Erhaltung des Wittgenstein-Hauses zur Kenntnis zu bringen.

Mit freundlichen Grüßen
Gordon B. Turner
Acting President

ACLS

AMERICAN COUNCIL OF LEARNED SOCIETIES

345 EAST 46TH STREET (AT UNITED NATIONS PLAZA), NEW YORK, N. Y. 10017

CABLE ADDRESS: ACOLSOGNEWYORK   TELEPHONE: (212) 986-7393

May 8, 1970

Mr. Heinrich Gleissner
c/o Consulate General of Austria
31 East 69 Street
New York, New York 10021

Dear Mr. Gleissner:

It has come to my attention that the Ludwig Wittgenstein mansion in Vienna may be torn down so that an apartment building can be constructed in its place. Wittgenstein is considered throughout the world as one of the great philosophers of all times and his house in Kundmanngasse is widely understood to be a direct product of his remarkable mind. It is therefore more than a national monument; it belongs to the world at large as the living expression of the man himself, and its destruction would be universally deplored.

Located as you are in New York City, you must be well aware of the historic buildings that have been razed in this city in the name of "progress." Unhappily, one expects irreverent destruction of cultural heritage in a country with little regard for its history and traditions. Nevertheless, we have managed to give some buildings the protection of the law by declaring them national monuments, and it is my hope that this can be done in the case of the Wittgenstein mansion. Surely Austrians, with their deep appreciation for the cultural treasures of Vienna, will not permit such desecration.

I urge you as the official representative of Austria to make known to your government the concern herein expressed for the preservation of the Wittgenstein mansion.

Sincerely yours,

Gordon B. Turner
Acting President

GBT:lw

AUSTRIAN CONSULATE GENERAL
31 EAST 69TH STREET
NEW YORK, N.Y. 10021

Mr. Bernhard Leitner
54 West 12th Street
New York, New York 10011

Austrian Consulate General
31 East 69th Street
New York, N.Y.

New York, 15 May 1970

Dear Mr. Leitner,

With reference to our telephone conversation today may I enclose copies of the letters relevant to this matter which have been submitted to the Consul General and which were forwarded to the Austrian authorities in charge.

Yours faithfully

(Dr. A.J. Kuen)
Vice-Consul

3 enclosures

Mr.
Bernhard Leitner
54 West 12th Street
New York, New York 10011

AUSTRIAN CONSULATE GENERAL
31 EAST 69TH STREET
NEW YORK 21, N. Y.

New York, am 15. Mai 1970

Sehr geehrter Herr Leitner!

Unter Bezugnahme auf unser heutiges Tele-
fongespraech darf ich Ihnen in der Anlage die
Kopien der Schreiben uebermitteln, die dem
Herrn Generalkonsul in der gegenstaendlichen
Angelegenheit zugegangen sind und die an die
zustaendigen oesterreichischen Stellen weitergeleitet wurden.

Mit vorzueglicher Hochachtung

(Dr. A.J. Kuen)
Vize Konsul

3 Beilagen

Herrn
Bernhard Leitner
54 West 12th Street
New York, New York 10011

THE OFFICE OF LANDMARKS PRESERVATION

Brief von Thalhammer an Generalkonsul Gleissner 8 / 70

Anruf von GK Gleissner nach Erhalt eines Schreibens von Dr. Thalhammer, Präsident des Bundesdenkmalamtes, um mich über die Situation in Wien zu informieren. Vorbemerkung von GK Gleissner:

Gegenwärtig sei die Abbruchgefahr nicht akut, wenigstens nach Aussage des gegenwärtigen Besitzers Dr. Thomas Stonborough.

Da ein Kopieren und Zusenden nicht erlaubt war, stenographierte ich das Vorlesen des Thalhammer-Briefes mit.

Freilich wird sich das großbürgerlichen Lebensverhältnissen angepasste Einfamilienhaus als Wohnhaus nicht auf Dauer halten können. Eine Unterschutzstellung sei kaum in Erwägung zu ziehen, da ebenso wie die künstlerische Bedeutung des Hauses auch die Rolle Wittgensteins als Architekt mehr als problematisch sei. Leider ist aus dem Pötschner-Artikel (Die Presse, 10-4-1970) folgender Satz gestrichen worden: „Auf die vorhin gestellten Fragen ließe sich nun manches sagen, z.B., dass einem so eigenartigen Gebilde jeder beliebige ,Sinn' unterlegt werden, dass Spleen und cupiditas rerum novarum zwar reizvolle Effekte, aber noch keine echte Form schaffen können, und jeder Architekt könnte zum bloßen Erfüllungsgehilfen degradiert werden, brächte man die 1000 Wünsche und Einfälle der Bauherrschaft vom künstlerischen Ganzen in Abzug. Zweifelos ist das Interieur des Hauses Zeugnis einer verfeinerten, heute fast völlig entschwundenen Geisteskultur, aber wohl nur solange Reste dieser Kultur darin lebendig sind."

Th.: Auch die Öffentlichkeit in den angelsächsischen Ländern, wo Persönlichkeit und Werk Ludwig Wittgensteins weit höher geschätzt werden als in seinem Vaterland, sollte diese Tatsachen erfahren. Kein Mensch kann heute ernstlich "Denkmalkultus", der im Widerspruch zu den realen Tatsachen steht, wünschen."

Letter from Thalhammer to Consul General Gleissner 8 / 70

Phone call from Gleissner after receiving a letter from Dr. Thalhammer, President of Office ofLandmarks Preservation, in order to inform me of the situation in Vienna. Preliminary remark of Gleissner:

At present the danger of demolition is not acute, at least according to the statement of the present owner Dr. Thomas Stonborough.

Because the making of a copy and its dispatch was not allowed, I took down a shorthand version of the Thalhammer letter as it was read out loud by Consul General Gleissner.

It is obvious that in the long run the single-family house designed for a grand bourgeois style of life cannot be maintained as a residence. There is no real reason to declare it a landmark since the artistic value of the house as well as Wittgenstein's role as architect are more than problematic. Unfortunately the following sentence has been deleted from the article by Pötschner (Die Presse,10-4-1970): "We can answer the aforementioned question thus: if we could deduce the thousand wishes and ideas of the architect's client from the artistic totality, we would see that any arbitrary 'meaning' can be given to such a peculiar construct; that spleen and cupiditas rerum novarum might create appealing effects but not 'genuine' form, and that every architect can be degraded into a mere performing agent if one would deduct the thousand wishes and ideas of the architect's client from the artistic whole. Without doubt, the interior of the house is witness to a refined and today almost completely vanished intellectual culture, but probably only as long as vestiges of this culture remain a living force within it."

Th.: The public in the Anglo-Saxon countries, where the personality and work of Ludwig Wittgenstein are estimated much higher that in his mother country, should also be informed of these facts. No one today can seriously want "a landmark cult" that is contrary to the real facts of the situation.

Erwin Thalhammer war 1970 bis 1982 Präsident des Bundesdenkmalamtes in Wien.
Dr. Heinrich Gleissner, österreichischer Generalkonsul in New York.

Erwin Thalhammer was from 1970 until 1982 President of the Federal Office of Landmarks Preservation in Vienna.
Dr. Heinrich Gleissner, Austrian Consul General in New York.

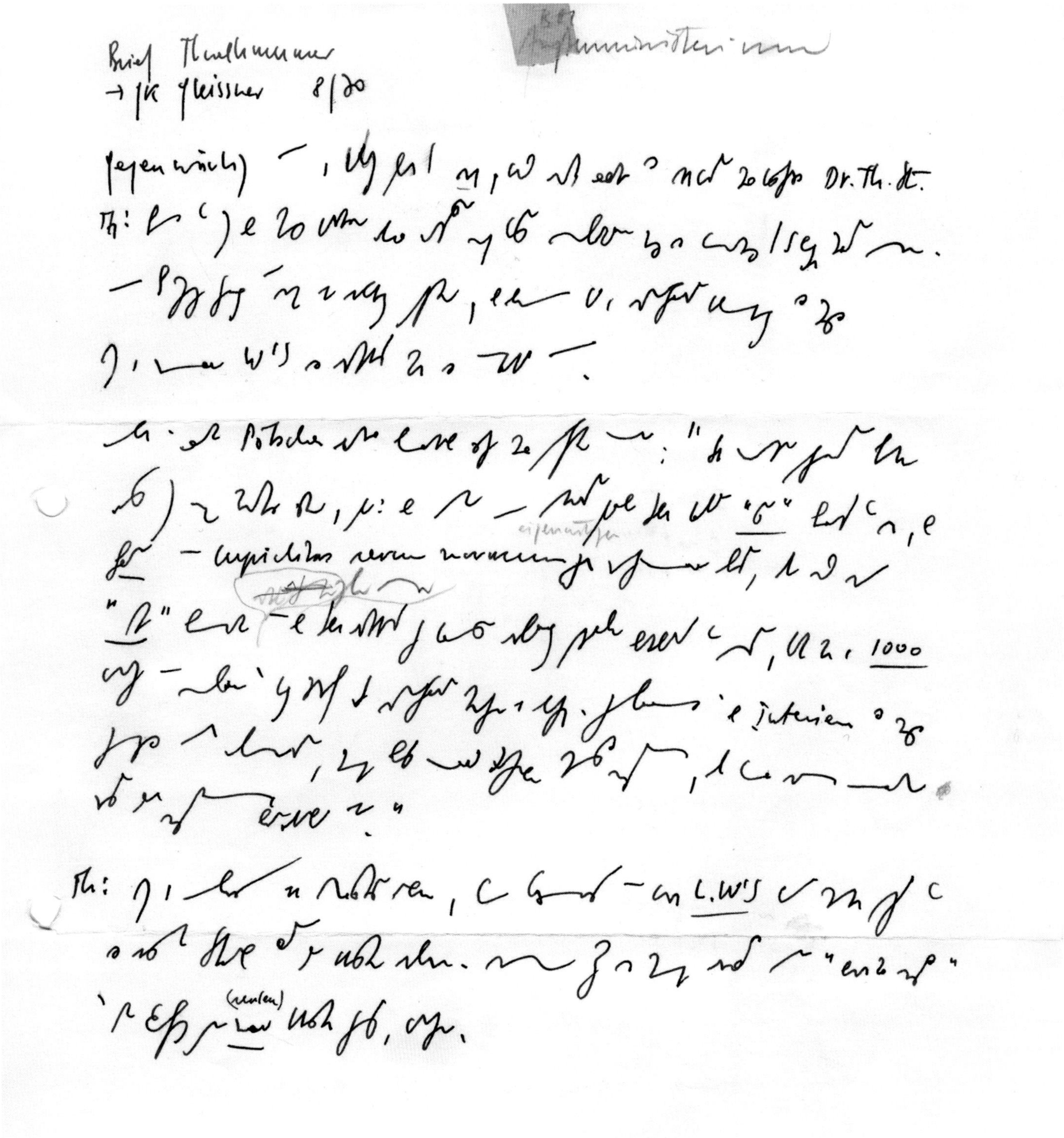

A SUSPICIOUS SILENCE

Further attempts were made to find a suitable buyer abroad.

April 6, 1970: Letter to Phyllis Lambert. No reply.

In June 1970, the architect Sandy Wilson and the journal A. D. in London were interested in printing my article with the photographs. An additional note was to direct attention to the sale of the building, while also exerting international pressure. (The material appeared in the issue of June 1971, at that time deliberately without any commentary.)

July 6, 1970: Visit with Max Bill in Zurich.

July 13, 1970: Letter to Max Bill. "Your idea to buy the Wittgenstein House for representative purposes and as a residence for the Swiss ambassador seems to be the best and most sensible one given the circumstances…"

In Letter 6 (July 15, 1970), Thomas Stonborough wrote: "It was especially kind of you to organize such a long meeting with Bill. In principle, the idea is great and there's nothing I'd prefer more than to sell the whole building to the Swiss government. But I wonder whether Mr. Bill is also certain that the Swiss are looking to buy an embassy…"

Officially, there was no noticeable progress in the matter.

The initial stir in Vienna after the publication of the *ZEIT*-article was apparently short-lived. But the relative calm was deceptive, since a permit for zoning change had already been applied for in January (see Stonborough, letter 2).

DIE GESPANNTE RUHE

7

Weitere Versuche, einen geeigneten Käufer im Ausland zu finden.

6.4.1979 Brief an Phyllis Lambert. Keine Antwort.

Im Juni 1970 interessieren sich in London der Architekt Sandy Wilson und die Zeitschrift A. D. für einen Abdruck meines Artikels mit den Fotos. Durch eine Zusatznotiz soll auf den Verkauf aufmerksam gemacht, aber auch internationaler Druck ausgeübt werden. (Das Material erscheint im Juniheft 1971, zu diesem Zeitpunkt bewusst ohne Kommentar.)

 6.7.1970 Besuch bei Max Bill in Zürich.

13.7.1970 Brief an Max Bill. „Ihre Idee, das Wittgenstein-Haus zur Repräsentation und als Wohnsitz für den Schweizer Botschafter erwerben zu lassen, scheint mir unter den gegebenen Umständen die beste und sinnvollste…"

In Brief 6 (15.7.1970) schreibt Thomas Stonborough: „… Es war besonders nett von Ihnen, mit Bill eine so lange Unterredung darüber zu erwirken und durchzuführen. Im Prinzip ist die Idee großartig und nichts wäre mir lieber, als das Ganze an die Schweizer Regierung zu verkaufen. Aber ich frage mich, ob Herr Bill auch sicher ist, daß die Schweizer eine Botschaft zu kaufen suchen…"

Aus öffentlicher Sicht war keine wie immer geartete Entwicklung der Angelegenheit festzustellen.

Die kurzlebige Aufregung in Wien nach dem ZEIT-Artikel konnte wieder abebben. Aber der Ruhe in Wien war grundsätzlich nicht zu trauen, war doch bereits im Januar das Gesuch zur Umwidmung eingereicht worden (siehe Stonborough, Brief 2).

1
2
3
4
5
6
8
9
10
11
12
13

93

A SUSPICIOUS SILENCE

Mrs. Phyllis Lambert
230 East Ohio
Chicago, Illinois

6. April 1970

Sehr geehrte Frau Lambert,

mit getrennter Post schicke ich Ihnen das *ARTFORUM* vom Februar
1970, in dem mein Artikel über Wittgensteins Architektur erschienen
ist. Es ist sehr schwer, mit Bildern eine Vorstellung von dem Gebäude
zu vermitteln, und der Druck ist leider nicht wirklich gut.

Das Gebäude ist in ausgezeichnetem Zustand, auch außen (obgleich
die Bilder den gegenteiligen Eindruck vermitteln). Meiner Ansicht nach
handelt es sich um kein Kuriosum, sondern um ein wichtiges Bauwerk
von herausragender Qualität. Und es steht zum Verkauf. Es ist nicht
unter Denkmalschutz gestellt worden, aber selbst wenn es das wäre,
ist eine sinnvolle Verwendung des Hauses weitaus wichtiger.

Ein Zentrum für philosophische Studien (vielleicht in einem sehr er-
weiterten Sinn, der auch Seminare über Architekturtheorie einschließt),
wäre sicher die wünschenswerteste und angemessenste Wiederverwendung.

Richard Weinstein hat vorgeschlagen, dass ein gemeinsamer Ankauf
des Wittgenstein-Hauses durch mehrere führende Universitäten ein
Weg wäre, das Projekt zu finanzieren. Als ersten Schritt haben wir
deshalb an Prof. Searle in Berkeley geschrieben.

Wir suchen einen strukturellen Rahmen, um dieses einzigartige
Denkmal zu erhalten für beides – für Philosophie und Architektur. Wir
würden uns über jede Unterstützung und jeden Hinweis Ihrerseits
sehr freuen.

Mit freundlichen Grüßen
Bernhard Leitner

Phyllis Lambert gründete 1979 das Canadian Centre for Architecture (CCA).
Phyllis Lambert founded the Canadian Centre for Architecture (CCA) in 1979.

OFFICE OF MIDTOWN PLANNING AND DEVELOPMENT

OFFICE OF THE MAYOR
CITY OF NEW YORK

Mrs.Phyllis Lambert
230 East Ohio
Chicago,Illinois

April 6,1970.

Dear Mrs Lambert,

under seperate cover I'm sending you a copy of Artforum Feb.1970 where
my article on Wittgenstein's architecture appears.It is very difficult
to give an idea of this building with pictures and infortunately the
printing is not to good.

The building is in excellent condition including the exterior(contratry
to the impression one gets from the picture).In my opinion it is not a
curiosity but important architecture of outstanding quality.And it is
for sale.It has not been declared an official landmark,but even if it
had been,a meaningful reuse is much more important.

A center for philosophical studies(perhaps in a very broad sense including seminars for architectural theory) would certainly be the most
desirable and appropriate reuse.

Richard Weinstein suggested a joint purchase of Wittgenstein's building
by several leading universities as one way to finance the project.As a
first step we therefore wrote to Prof.Searle of Berkeley.

What we are seeking is a framework for preserving this unique monument
to both philosophy and architecture.Any help or comment you can give us
would be very welcome.

Sincereley

Bernhard Leitner

Jaquelin T. Robertson, *Director* • William G. Bardel, *Deputy Director*
2 Lafayette Street, Room 1403, New York 10007

54 West 12 Street
New York,N.Y.10011

Gstaad,13-7-1970.

Sehr geehrter Herr Professor Bill,

zuallererst moechte ich Ihnen nochmals danken,dass Sie mir
vergangenen Montag soviel Zeit gewidmet haben;das Gespraech,
das soviele Gebiete streifte,war fuer mich sehr interessant
und fruchtbar.

Ich bin fuer einige Tage bei Freunden in Gstaad,dann muss
ich in das hitzige New York zurueck.Zuvor moechte ich Ihnen
aber schreiben,dass mein Besuch in Muenchen eigentlich sehr
erfolreich war - es baut zwar noch niemand einen "Tonplatz"
oder einen "Toneingang",aber verschiedene Stellen interessieren
sich im Zusammenhang mit den Olympischen Spielen 72 sehr dafuer.

Ihre Idee,das Wittgenstein-Haus in Wien zur Repraesentation
und als Wohnsitz fuer den Schweizer Botschafter von der Schweiz
erwerben zu lassen,scheint mir unter den gegebenen Umstaenden
die beste und sinnvollste.Ich habe den Besitzer Dr.Stonborough
davon kurz informiert und einen eventuellen Besuch von Ihnen
im Herbst in Wien erwaehnt.(Auch falls dieses Projekt nicht
verwirklicht werden sollte,scheint es mir u.a. fuer moegliche
andere Verwendungsvorschlaege sehr wertvoll,wenn Sie das Haus
persoenlich evaluiert haben).Die Adresse ist,wie Sie wissen:
Wien III,Kundmanngasse 19,und die Telefonnummer 73 16 19.

Falls Sie wieder einmal nach New York kommen,wuerdees mich
natuerlich sehr freuen,Sie zu sehen.

Mit besten Gruessen

54 West 12 Street
New York,N.Y.10011

Gstaad,13-7-1970.

Sehr geehrter Herr Dr.Stonborough,

bevor ich wieder zurueck muss nach New York,bin ich noch
fuer einige Tage bei Freunden in der Schweiz in der wunder-
baren Gegend des Berner Oberlandes.
Ich schreibe Ihnen diese Zeilen erstens um Ihnen zu sagen,
dass ich mich sehr gefreut habe,Sie in Wien wiederzusehen
und zu sprechen und zweitens,um Ihnen von meinem Besuch bei
Prof.Max Bill in Zuerich zu berichten.

Prof.Bill,sicherlich eine der profiliertesten Kuenstlerpersoenlichkeiten unserer Zeit,wurde durch meinen Artikel in
der ZEIT auf das Wittgenstein-Haus aufmerksam.In dem aus-
fuehrlichen Gespraech,das ich vergangenen Montag mit ihm hatte,
wurde auch die Idee eines interdisziplinaeren B egegnungs-
zentrums besprochen,dessen Verwirklichung aber sicher lange
dauern und viel muehsame Arbeit erfordern wuerde.

Ich nannte Prof.Bill den Betrag,den Sie sich ungefaehr fuer
das Haus und den Grund vorstellen.Auch erwaehnte ich,dass der
Bau eines zusaetzlichen flachen Traktes-wenn notwendig- im
Garten durchaus moeglich ist.Meine weiteren Verhandlungen mit
ihm fuer Sie waren auf der Basis Ihrer Ziffer.Prof.Bill hatte
einen sehr konkreten Gedanken:es erscheint ihm moeglich,
(Prof.Bill ist auch Politiker und sitzt im Schweizer Nationalrat),
dass der Baufuer epraesentation und als Wohnsitz der Schweizer
Botschaft in Wien vom Schweizer Staat erworben wird.
Sobald die Urlaubszeit vorbei ist,will Prof.Bill Schritte in
dieser Richtung unternehmen.Er bedauerte,dass er bei seinem
letzten Wien-Aufenthalt aus Zeitmangel verhindert war Sie
aufzusuchen - wird aber voraussichtlich im Herbst wieder in
Wien sein und sich bei Ihnen melden.Ich gab ihm Ihre Tel.Nummer.

Mit freundlichen Gruessen

PS.Ich bin nicht sicher,ob ich eine Kopie der schriftlichen
Vereinbarung zwischen uns vom letzten Jahr in Wien oder
in New York habe.Koennten Sie mir bitte eine Kopie anfertigen
lassen und mir nach New York senden?Besten Dank!

A SUSPICIOUS SILENCE

54 West 12 Street
New York, N.Y. 10011

Gstaad, 13-7-1970.

Dear Professor Bill,

First of all I would like to thank you again for giving me so much of your time last Monday; the talk ranged over so many different subjects and was very interesting and fruitful for me.

I shall be spending some time with friends in Gstaad, then I have to go back to steamy New York. Before I do, however, I would like to write and tell you that my visit to Munich was actually very successful – although no one has built a "Sound Plaza" yet or a "Sound Entrance", various people have shown interest in context with the 1972 Olympic Games.

Your idea that he Swiss government should acquire the Wittgenstein House in Vienna as the official presentation and residence for the Swiss ambassador seems under the present circumstances to be the best and most sensible one. I have informed the owner Dr Stonborough about it and mentioned your possible visit in autumn in Vienna. (Even if this project falls through, it seems to me that an evaluation of yours would be of great import, also for considering other potential uses). The address is, as you know: Vienna III, Kundmanngasse 19, and the telephone number 73 16 19.

In case you will come back to New York, I would of course be delighted to see you.

Best regards,
(Bernhard Leitner)

54 West 12 Street
New York, N.Y. 10011

Gstaad, 13-7-1970

Dear Dr Stonborough,

Before I have to return to New York, I shall be with friends in Switzerland for a few days, in the wonderful region of the Bern Oberland.

I am writing this letter first of all to say how delighted I was to see you and speak to you again in Vienna, and secondly to tell you about my visit to Prof. Max Bill in Zurich.

Prof. Bill is surely one of the foremost artist-personalities of our time. He became aware of the Wittgenstein House through my article in the *ZEIT* newspaper. In the extensive talk I had with him last Monday we spoke of the idea of an interdisciplinary encounter centre, which, however, would certainly take a great deal of time and very much effort to realise.

I mentioned to Prof. Bill the approximate amount you would regard as appropriate for the house and its grounds. I also said that building an additional flat annex in the garden – if necessary – is absolutely a possibity. My further negotiations with him for you were based on your estimate. Prof. Bill had a very realistic idea: he thinks it is possible (Prof. Bill is also a politician and a member of the Swiss National Council) that the Swiss government could buy the building for the official representation and residence of the Swiss Embassy in Vienna.

As soon as the vacation period is over, Prof. Bill will take steps in this direction. He was sorry he did not have the time to visit you during his last stay in Vienna – but will provisionally be in Vienna again in autumn and will get in contact with you. I gave him your number.

Best regards
(Bernhard Leitner)

PS. I am not sure if have a copy of the written agreement between us from last year in Vienna or in New York. Could you please make me a copy and send it to me in New York? Thank you very much!

Bernhard Leitner
Stills aus einem 8-mm Film
Stills from a 8 mm film, 1969

Bernhard Leitner
Stills aus einem 8-mm Film
Stills from a 8 mm film, 1969

A SUSPICIOUS SILENCE

VIENNA III.,KUNDMANNGASSE 19
TEL.: 73 16 19

15 July 1970.

Dear Mr. Leitner,

Thank you very much for your kind letter and for the endeavors concerning the property. It was particularly kind of you to succeed in arranging a such a long meeting with Bill and talking to him about it.

In principle Bill's idea is really brilliant and I would prefer nothing more than to sell the whole complex to the Swiss Government. But I'm wondering if Herr Bill is really sure that the Swiss are looking around to buy an embassy. I don't even know whether the present embassy is rented or purchased from the Schwarzenberg family, and if rented, for how long. Whatever, I have heard nothing to the effect that the Swiss are scouting around, and I know the present ambassador very well. But Herr Bill must have access to more information on this as a member of the National Council. Especially as he has just been in Vienna. Well, we'll see what happens. Perhaps you can ask him these questions for me. And perhaps he'll be in Vienna in autumn and then I can talk to him.

In the following I'm sending you the wording of the letter we both signed on 12-2-69. If you want, I'll send you a photocopy as well, but for the meantime I'd rather not, because we don't know if someone will intercept it and read it; here it is:

Dear Dr Stonborough,
We have agreed that I shall endeavor according to all within my power to find a purchaser for the house on Kundmanngasse 19, Vienna 3 and in case I succeed in finding a suitable purchase for you and conclude with a suitable price and contract – you shall concede to me for my endeavors 5% of the purchase price as commission.

Vienna, 12-2-69.
Bernhard Leitner
Thomas H.W.Stonborough

I would be very glad if this worked out!
Meanwhile warmest thanks again for your good will and efforts. We shall keep in touch.

Kind regards,

Thomas Stonborough

WIEN III., KUNDMANNGASSE 19
TEL.: 73 16 19   15 Juli 1970.

Lieber Herr Leitner,

        Danke Ihnen sehr herzlich
für Ihren netten Brief und für die Bemühungen
um das Grundstück. Es war besonders nett von
Ihnen mit Bill eine so lange Unterredung
darüber zu erwirken und ihd durchzuführen.
        Im Prinzip ist die Idee
von Bill eine ganz grossartige und nichts
wäre mir lieber, als das Ganze an die Schweizer Regierung zu verkaufen. Aber ich frage
mich ob Herr Bill auch sicher ist, dass die
Schweizer eine Botschaft zu kaufen suchen.
Ich weiss nicht einmal, ob die gegenwärtige
Botschaft von der Familie Schwarzenberg gemietet ist oder gekauft, und falls gemietet
auf wie lange. Jedenfalls habe ich nichtx
gehört, dass die Schweizer auf der Suche
sind und kenne doch den gegenwärtigen Botschafter recht gut. Aber Herr Bill dürfte
als Nationalrat über mehr Informationen
darüber verfügen, als ich. Speziell wenn
er gerade in Wien war. Nun, das wird sich
je zeigen. Vielleicht können Sie ihm diese
Fragen von mir stellen. Und vielleicht kommt
er doch im Herbst nach Wien und dann kann
ich ja mit ihm reden.

        Ich schicke Ihnen im Folgenden den
Wortlaut des Briefes welchen wir Beide am
12-2-69 unterschrieben haben. Wenn Sie wollen schicke ich Ihnen auch eine Photocopie
davon, aber einstweilen wäre es mir lieber
nicht, weil man nie weiss ob jemand da mit-
liest. Also:
Lieber Dr Stonborough,
Wir sind übereingekommen, dass ich mich innerhalb meiner Möglichkeiten bemühen werde einen
Käufer für das Haus in der Kundmanngasse 19,
Wien 3 zu finden und falls es mir gelingen
sollte einen Ihnen genehmen Käufer zu finden
mit einem Ihnen genehmen Preis und es zu
einem Abschluss kommt -- Sie mir für meine
Bemühungen 5% des Kaufpreises als Provision
überlassen.
                        Bernhard Leitner
Wien, 12-2-69.   Thomas H.W.Stonborough

        Ich wäre sehr froh wenn es dazu käme!
Inzwischen noch einmal den allerherzlichsten
Dank für den guten Willen und die Mühe. Wir
halten uns gegenseitig im Laufenden.
                Herzliche Grüsse

NEW YORK–VIENNA–NEW YORK

Realistically, it was an illusion that any initiative could succeed against the powerful political, urban planning and economic interests in Vienna. Nevertheless, I was committed. It proved to be advantageous that colleagues from my days as a student in Vienna were now working in official positions that made it possible to monitor the developments. (For instance Willi Kainrath at Vienna's Department of City Planning). From summer 1970 on I was – in New York – very well informed through phone calls and letters about how the case was proceeding.

March 1971: Message that a group (lawyer, developer and realtor with intimate ties to Vienna's City Hall) has an option on the house. The plan: a 20-story skyscraper hotel on the very site of the Wittgenstein House.

June 4, 1971: The City Planning Commission of Vienna approves the development and rezoning plan for the area between Kundmanngasse, Geusaugasse, Parkgasse and Erdbergerstraße. There was no public or private response to this announcement in the newspapers.

NEW YORK–WIEN–NEW YORK

8

Ob von New York aus gegen die politischen, stadtplanerischen und wirtschaftlichen Interessens-verknotungen in Wien noch etwas zu erreichen sei, war nicht klar. Aber ich wollte, ich musste den Fall im Auge behalten. Da war es von Vorteil, dass Kollegen aus meiner Studienzeit an der TU Wien beruflich nun in Positionen waren, von denen aus eine Beobachtung der Ereignisse möglich war (z.B. Willi Kainrath in der Wiener Stadtplanung). Ab Sommer 1970 war ich in New York telefonisch und schriftlich sehr genau informiert.

März 1971: Mitteilung, dass eine Interessensgruppe (Anwalt, Baufirma und Makler mit verwandt-schaftlichen Kontakten zum Wiener Rathaus) eine Option von Dr. Thomas Stonborough auf das Haus hat. Der Plan: ein 20-geschossiges Hotel ersetzt das Haus Wittgenstein.

Am 4.6.1971 stimmt der Planungsausschuss des Gemeinderates einer Abänderung des Flächen-widmungs- und Bebauungsplanes für das Areal zwischen Kundmanngasse, Geusaugasse, Park-gasse und Erdbergstraße zu. Es regte sich weder ein öffentliches noch ein privates Interesse auf diese Zeitungsmeldung.

THE INTERVENTION

June 11, 1971: Arriving from New York, I planned to spend several weeks in Vienna.

I was well informed about the state of the affairs. I knew that on June 18, 1971 the Vienna City Council was to approve the application for rezoning which would set the groundwork for demolition. In this precarious situation there was only one option left: to convince politically influential decision-makers that Wittgenstein had actually designed the building.

June 16, 1971: Meeting with Mr. Hofmann, Head of the Planning Commission. His answer: too late. The Office of Landmarks Preservation had given a negative response.

My detailed letter about the authorship of the building of June 17, 1971 to Federal Chancellor Kreisky (despite an urgent recommendation by Gottfried von Einem, whom I had informed about this case) did not have any impact on him or his secretary. I was told there was neither interest nor time for me to personally present the case.

The very last resort was the Ministry of Science and Culture which was also responsible for Landmarks Preservation. I presented to Mrs. Hertha Firnberg who was the minister, the six letters that Thomas Stonborough had written to me. In these letters the truth about who built the house was documented. Mrs. Firnberg did not have to comprehend the revolutionary artistic quality of the building but she had to recognize what the Office of Landmarks Preservation was unwilling to acknowledge: Wittgenstein was the architect of this building. Cultural and historical considerations alone made it imperative to declare the building a landmark.

The following day, the six letters were returned to me. As a result of my intervention, Mrs. Firnberg tried to have the vote on the zoning change postponed and ordered a reexamination of the landmark status.

DIE INTERVENTION

Am 11.6.1971 bin ich, aus New York kommend, wieder für einige Wochen in Wien.

Ich kannte den Stand der Entwicklung genau. Ich wusste, was in Wien offensichtlich keinen interessierte oder niemand in seiner Tragweite erkennen wollte, dass am 18.6.1971 der Wiener Gemeinderat die Umwidmung beschließen wird, dass an diesem Tag der Wiener Gemeinderat den Abbruch des Hauses Wittgenstein beschliesst. In dieser Situation konnte ich nur noch versuchen, politisch einflussreiche Entscheidungsträger davon zu überzeugen, dass es Wittgenstein war, der das Haus erbaute.

Am 16.6.1971 traf ich Stadtrat Hofmann. Seine Antwort: Es sei zu spät und es gebe den negativen Bescheid des Denkmalamtes.

Dem Bundeskanzler oder seinem Sekretär schien mein ausführliches Schreiben vom 17.6.1971 zur Urheberschaft (trotz dringender Empfehlung von Gottfried von Einem, den ich über den Fall aufgeklärt hatte) nicht bedeutsam. Kein Gesprächstermin frei.

Die letzte Ansprechmöglichkeit war das für den Denkmalschutz zuständige Wissenschafts-ministerium. Ich übergab Frau Minister Firnberg die 6 Briefe von Dr. Thomas Stonborough an mich, in denen die Wahrheit über die Urheberschaft zu lesen war. Frau Minister Firnberg musste die revolutionäre Qualität des Baues nicht verstehen, aber sie sollte dringend zur Kenntnis nehmen, was das ihr zugeordnete Denkmalamt nicht zur Kenntnis nehmen wollte: Wittgenstein war der Architekt dieses Hauses. Allein aus kulturgeschichtlichen Erwägungen müsste der Bau eines der bedeutendsten Philosophen unter Denkmalschutz gestellt werden.

Am nächsten Tag bekam ich die 6 Briefe zurück. Die Folgen: Frau Minister Firnberg versuchte. eine Absetzung der Umwidmung zu erreichen, und ordnete eine neuerliche Überprüfung einer Schutzwürdigkeit an.

THE INTERVENTION

Brief von Gottfried von Einem an Bundeskanzler
Dr. Kreisky vom 16. Juni 1971

Sehr geehrter Herr Bundeskanzler,

Bitte empfangen Sie zu einem kurzen Gespräch Herrn Architekt Bernhard Leitner. Es geht darum in Wien ein Unheil ärgerlichster Art zu
verhüten.

Wittgenstein in aller Welt als Philosoph bekannt, in Österreich leider
kaum gelesen, hat ein Haus entworfen, das sogar gebaut wurde, was
in England bekannt und in Österreich absolut unbekannt ist. Dieses
Unikum soll abgerissen werden. Sie haben Verständnis für die
Wichtigkeit, dieses einmalige Opus zu erhalten. Verzeihen Sie mir
bitte, dass ich Sie persönlich mit dieser Angelegenheit bemühe. Es
brennt!..

Hoffentlich haben Sie die Krankheit überstanden und konnten sich etwas erholen. Von Herzen wünsche ich es Ihnen.

Mit ergebensten Empfehlungen und einem Handkuss für Ihre sehr
verehrte Gattin bin ich

Ihr aufrichtiger
Gottfried Einem.

Letter from Gottfried von Einem to the Federal Chancellor Dr. Kreisky,
June 16, 1971

Dear Mr Federal Chancellor,

Please receive the architect Mr Bernhard Leitner for a brief talk on the
following matter – the prevention of a calamity in Vienna of the most
distressing sort.

Wittgenstein, renowned across the world, unfortunately scarcely read
in Austria, designed a house that was actually built, a fact known in
England but of which Austria is absolutely ignorant. This unique edifice
is listed for demolition. You will understand the importance of preserving this extraordinary work. Please forgive me for burdening you
personally with this matter. There is no time to lose!

I hope you are over your illness and have been able to recuperate
somewhat. I wholeheartedly wish you all the best for your complete
recovery.

With most devoted wishes and a kiss on the hand for your distin-
guished wife, I remain,

Yours sincerely
Gottfried von Einem.

Gottfried von Einem, österreichischer Komponist Austrian composer (1918–1996)

Sehr verehrter Herr Bundeskanzler,

bitte empfangen Sie zu einem kurzen Gespräch Herrn Architekt Bernhard Leitner. Es geht darum, in Wien ein unheil ärgerlichster Art zu verhüten.

Wittgenstein in aller Welt als Philosoph bekannt, in Österreich leider kaum gelesen, hat ein Haus entworfen, das sogar gebaut wurde, was in England bekannt und in Österreich absolut unbekannt ist. Dieses unica Haus soll abgerissen werden. Sie haben Verständnis für

die Wichtigkeit, dieses einmalige opus zu erhalten. Verzeihen Sie mir bitte, daß ich Sie persönlich mit dieser Angelegenheit bemühe. Es brennt!...

Hoffentlich haben Sie die Weihnachtszeit überstanden und konnten sich etwas erholen. Vortreffliches einmal über Ihnen.

Mit den ergebensten Empfehlungen und einem Handkuss für Ihre sehr verehrte Gattin bin ich

Ihr aufrichtiger Gottfried Heinen.

THE INTERVENTION

Brief von Gottfried von Einem an Fritz Wotruba vom 16. Juni 1971

Fritz, es brennt! Muss es sein, dass das einzige Haus, das der berühmte Philosoph Wittgenstein entworfen hat und bauen ließ, abgerissen wird, weil die Geldgier stärker als jeder Kunstsinn ist?

Wir haben beide den Standartenhof seinerzeit vor der Demolierung
gerettet. Hilf jetzt - ich bitte Dich darum! - wieder dazu, ein einzigartiges
Dokument Österreichischer Kultur zu erhalten: rufe Slavik an! Morgen
wird "umgewidmet" und das bedeutet das „Ende". Architekt Leitner
wird dir alles erklären.

Dein Gottfried.

Letter from Gottfried von Einem to Fritz Wotruba of 16 June 1971

Fritz, there's no time to waste! Are going to stand here and let the
only house ever designed and built by the famous philosopher Wittgenstein be pulled down because avarice is stronger than any sensibility
for art?

At the time, we both joined forces to save the Standartenhof from
demolition. Help again now – I beg you ! – to preserve a unique
document of Austrian culture: call Slavik! Tomorrow the building lot
will be rezoned and this means the „end". Architect Leitner will explain
everything to you.

Yours Gottfried.

Fritz Wotruba, österreichischer Bildhauer Austrian sculptor (1907–1975)
Felix Slavik, 1970–1973 Wiener Bürgermeister Mayor of Vienna

S.H. Herrn Prof.: Fritz Wotruba

Bäckergasse 5,

Wien I.

Fritz,   16. 6. 71

es brennt! Muss es sein, das das einzige Haus, das der berühmte Philosoph Wittgenstein entworfen hat und bauen liess, abgerissen wird, weil die Geldgier stärker als jeder Kunstsinn ist?

Wir haben beide den Stephansdom seinerzeit vor der Demolierung gerettet. Hilf jetzt — ich bitte Dich darum! — wieder dazu, ein einzigartiges Dokument österreichischer Kultur zu erhalten: rufe Slavik an! Morgen wird "nur" gewidmet und das bedeutet das "Ende". Architekt Leitner wird Dir alles erklären. Dein Gütt...

REZONING

Arbeiter-Zeitung, June 19, 1971: "The unanimity noted for the project in Oberlaa was disrupted during the consultations about the hotel building on Kundmanngasse, among other things by the statements of a certain Diplomingenieur Leitner, who explained that the house standing on the plot of land was built by Wittgenstein and ought to be preserved as a national monument. The City of Vienna has addressed the issue only in that the Municipal Council was to approve a re-dedication of the property, which actually happened yesterday (with 93 votes against 7). The plot of land with the house standing upon it was sold by the nephew of the philosopher Wittgenstein, who was also active as an architect. The purchaser has the intention of erecting a hotel on this piece of land. The City Administration had no grounds for not approving this plan, firstly, because a modern hotel is needed in this area, and secondly no preconditions at all exist for preserving the house standing on this plot of ground..."

Die Presse, Vienna, June 19 and 20, 1971: "At its meeting on Friday the City Council voted for the demolition of the Wittgenstein House, Liberals and DFP voted against. During the discussion the philosopher's name was never mentioned. After the intervention of the architect Bernhard Leitner, Federal Minister Firnberg tried on Friday morning to have the rezoning removed from the agenda. For formal reasons, the City of Vienna, however, rejected this demand. Independently of this, the landmark issue is to be discussed once again, since Minister Firnberg ordered the Office of Landmarks Preservation to reevaluate the building. Since Mr. Pötschner adhered adamantly to his position that the building was not designed by Wittgenstein and denied that it was worth protecting, there is not much to be expected from a resumption of talks with him."

DIE UMWIDMUNG

Arbeiter-Zeitung, 19.6.1971: „... Die Einhelligkeit, die für das Projekt in Oberlaa festzustellen war, wurde bei den Beratungen über den Hotelbau in der Kundmanngasse unter anderem dadurch gestört, daß ein Diplomingenieur Leitner erklärte, daß das auf dem Grundstück stehende, von Wittgenstein erbaute Haus als Denkmal erhalten werden solle. Die Stadt Wien ist mit der Frage nur insofern befaßt, als der Gemeinderat einer Umwidmung des Grundstückes zustimmen sollte, was gestern auch geschah (mit 93 gegen 7 Stimmen). (...) Das Wissenschaftsministerium, das ersucht wurde, gegen den Beschluß des Wiener Gemeinderates einzuschreiten, erklärte in einer Stellungnahme, daß nach eingehender Prüfung des Wittgenstein-Hauses von seiten des Bundesdenkmalamtes kein Grund für eine Bewahrung des Gebäudes festgestellt werden konnte. Außerdem wird bezweifelt, daß der Bau überhaupt von Wittgenstein stammt. Dennoch hat Wissenschaftminister Dr. Hertha Firnberg eine nochmalige Prüfung der Schutzwürdugkeit des Gebäudes durch das Bundesdenkmalamt zugesagt..."

Die Presse, 19./20.6.1971: „Der Abbruch des Wittgenstein-Hauses in der Kundmanngasse wurde vom Gemeinderat in seiner Freitagsitzung gegen die Stimmen von FPÖ und DFP beschlossen. Bei der Diskussion fiel der Name des Philosophen nicht. Bundesminister Firnberg hatte auf Grund einer Vorsprache des Architekten Bernhard Leitner Freitag früh versucht, eine Absetzung der Umwidmung von der Tagesordnung zu erreichen. Seitens der Gemeinde Wien war jedoch, aus formalen Gründen, eine Absetzung nicht mehr möglich. Unabhängig von dieser Tatsache wird aber noch einmal über die Schutzwürdigkeit dieses Objektes gesprochen werden, da Minister Firnberg das Bundesdenkmalamt beauftragt hat, erneut die Frage der Schutzwürdigkeit zu überprüfen. Da der Landeskonservator von Wien, Pötschner, jedoch auf dem Standpunkt steht, daß der Bau nicht von Wittgenstein stamme, und die Schutzwürdigkeit leugnet, ist von der Neuaufnahme der Gespräche mit ihm wenig zu erwarten."

REZONING

ARBEITERZEITUNG, Vienna, Saturday, June 19, 1971

JAHN HOTEL IN OBERLAA –
HIGH-RISE BUILDING IN THE THIRD DISTRICT

Municipal Council paves the way for hotel buildings – Wittgenstein House: weak protests against demolition

The session of the Vienna Municipal Council on Friday was conducted more peaceably than could have been expected after the comprehensive consultation programme. The sale of grounds in Oberlaa to the "Wienerwald" restaurant company was approved without debate. This means that the prospects are now on the cards for the "Wienerwald" CEO Jahn to build a large hotel with 600 beds in the complex of the future spa centre, and a restaurant in the WIG 74 grounds. Less joy was caused by the preparations for a hotel building of 16 storeys in the Third District, but here, too the representatives of SP and VP agreed to the plans.

The unanimity noted for the project in Oberlaa was disrupted during the consultations about the hotel building on Kundmanngasse, among other things by the statements of a certain Diplomingenieur Leitner, who explained that the house standing on the plot of land was built by Wittgenstein and ought to be preserved as a national monument. The City of Vienna has addressed the issue only in that the Municipal Council was to approve a re-dedication of the property, which actually happened yesterday (with 93 votes against 7).

The plot of land with the house standing upon it was sold by the nephew of the philosopher Wittgenstein, who was also active as an architect. The purchaser has the intention of erecting a hotel on this piece of land. The City Administration had no grounds for not approving this plan, firstly, because a modern hotel is needed in this area, and secondly no preconditions at all exist for preserving the house standing on this plot of ground.

ANOTHER INVESTIGATION

The Ministry of Science and Education was requested to take steps against the building resolution of the Vienna Municipal Council. It declared in a statement that after the relevant consultation and inspection of the Wittgenstein House by the Office of Landmarks Preservation that it could find no grounds for preserving the building. Apart from this, it was doubtful that the building was a work of Wittgenstein in any case. Despite this, the Minister of Science Dr Hertha Firnberg has approved another investigation into the building's worthiness to be protected by the Office of Landmark Preservation.

A modification to the plans for the spatial usage and development of the plot of land on Kundmanngasse was applied for by Municipal Councillor Edlinger (SP), with the argument that after removing the old building stock a modern, large hotel should be erected.

Jahn-Hotel in Oberlaa – Hochaus im 3. Bezirk

Gemeinderat ebnet den Weg für Hotelbauten — Wittgenstein-Haus: Schwache Proteste gegen Demolierung

Die Sitzung des Wiener Gemeinderates am Freitag verlief ruhiger, als es das umfangreiche Beratungsprogramm hatte erwarten lassen. Der Verkauf eines Grundstückes in Oberlaa an die „Wienerwald"-Restaurantgesellschaft verlief ohne Debatte. Damit sind die Voraussetzungen gegeben, daß „Wienerwald"-Chef Jahn im Bereich des künftigen Kurzentrums ein großes Hotel mit 600 Betten und im WIG-74-Gelände ein Restaurant errichtet. Weniger Freude lösten die Vorbereitungen für einen Hotelbau mit 16 Stockwerken im 3. Bezirk aus, doch stimmten auch hier die Vertreter von SP und VP zu.

Die Einhelligkeit, die für das Projekt in Oberlaa festzustellen war, wurde bei den Beratungen über den Hotelbau in der Kundmanngasse unter anderem dadurch gestört, daß ein Diplomingenieur Leitner erklärte, daß das auf dem Grundstück stehende, von Wittgenstein erbaute Haus als Baudenkmal erhalten werden solle. Die Stadt Wien ist mit der Frage nur insofern befaßt, als der Gemeinderat einer Umwidmung des Grundstückes zustimmen sollte, was gestern auch geschah (mit 93 gegen 7 Stimmen).

Das Grundstück mit dem daraufstehenden Haus wurde von dem Neffen des Philosophen Wittgenstein, der sich eben auch als Architekt betätigte, verkauft. Der Käufer hat die Absicht, an dieser Stelle ein Hotel zu errichten. Die Stadtverwaltung hatte keinen Grund, diesem Plan nicht zuzustimmen, weil erstens in diesem Gebiet ein modernes Hotel gebraucht wird und zweitens keinerlei Voraussetzungen für die Bewahrung des auf dem Grundstück stehenden Hauses gegeben sind.

NOCHMALIGE PRÜFUNG

Das Wissenschaftsministerium, das ersucht wurde, gegen den Beschluß des Wiener Gemeinderates einzuschreiten, erklärte in einer Stellungnahme, daß nach eingehender Prüfung des Wittgenstein-Hauses von seiten des Bundesdenkmalamtes kein Grund für eine Bewahrung des Gebäudes festgestellt werden konnte. Außerdem wird bezweifelt, daß der Bau überhaupt von Wittgenstein stammt. Dennoch hat Wissenschaftsminister Dr. Hertha Firnberg eine nochmalige Prüfung der Schutzwürdigkeit des Gebäudes durch das Bundesdenkmalamt zugesagt.

Die Änderung des Flächenwidmungs- und Bebauungsplans für das Grundstück in der Kundmanngasse war von Gemeinderat Edlinger (SP) mit der Begründung beantragt worden, daß nach Entfernen des Althausbestandes ein modernes Großhotel errichtet werden solle. Dr. Schmidt (FP) begrüßte es, daß dieses Gebiet modernisiert werden solle, meldete jedoch auch Bedenken an, weil das Hotel und ein anschließendes Geschäftszentrum Lärmerreger sein könnten. Dr. Goller (VP) verlangte, daß vor Erteilung der Baubewilligung die Anrainer zu Stellungnahmen eingeladen werden. Der VP-Redner mußte sich von Edlinger belehren lassen, daß die Anrainer zu Bauverhandlungen in jedem Fall eingeladen werden.

UMBAU DES NUSSDORFER WEHRS

Stadtrat Heller (SP) beantragte den Betrag von 91 Millionen Schilling für den Umbau des Nußdorfer Wehrs im Rahmen der Verbesserung des Hochwasserschutzes. Gemeinderat Stockinger (SP) bezeichnete den Ausbau der Schutzanlagen für Wien als besonders notwendig, weil durch die Regulierung der Wildbäche in den Berggebieten die Hochwassergefahr für Wien gestiegen ist. Dem Antrag stimmten alle Parteien zu.

Weiter stimmte der Wiener Gemeinderat dem Ausbau des Konservatoriums in der Johannesgasse (27 Millionen Schilling) und dem Bau eines Hauses der Begegnung in der Großfeldsiedlung (22,5 Millionen Schilling) zu. Für den Ausbau von Sportanlagen wurden 11 Millionen Schilling bewilligt.

In der Sitzung des Landtages wurde der Novellierung des Gasgesetzes (strengere und genormte Sicherheitsbestimmungen) einhellig zugestimmt.

Die Sitzung des Wiener Gemeinderates am Freitag verlief ruhiger, als es das umfangreiche Beratungsprogramm hatte erwarten lassen. Der Verkauf eines Grundstückes in Oberlaa an die „Wienerwald"-Restaurantgesellschaft verlief ohne Debatte. Damit sind die Voraussetzungen gegeben, daß „Wienerwald"-Chef Jahn im Bereich des künftigen Kurzentrums ein großes Hotel mit 600 Betten und im WIG-74-Gelände ein Restaurant errichtet. Weniger Freude lösten die Vorbereitungen für einen Hotelbau mit 16 Stockwerken im 3. Bezirk aus, doch stimmten auch hier die Vertreter von SP und VP zu.

Die Einhelligkeit, die für das Projekt in Oberlaa festzustellen war, wurde bei den Beratungen über den Hotelbau in der Kundmanngasse unter anderem dadurch gestört, daß ein Diplomingenieur Leitner erklärte, daß das auf dem Grundstück stehende, von Wittgenstein erbaute Haus als Baudenkmal erhalten werden solle. Die Stadt Wien ist mit der Frage nur insofern befaßt, als der Gemeinderat einer Umwidmung des Grundstückes zustimmen sollte, was gestern auch geschah (mit 93 gegen 7 Stimmen).

Das Grundstück mit dem daraufstehenden Haus wurde von dem Neffen des Philosophen Wittgenstein, der sich eben auch als Architekt betätigte, verkauft. Der Käufer hat die Absicht, an dieser Stelle ein Hotel zu errichten. Die Stadtverwaltung hatte keinen Grund, diesem Plan nicht zuzustimmen, weil erstens in diesem Gebiet ein modernes Hotel gebraucht wird und zweitens keinerlei Voraussetzungen für die Bewahrung des auf dem Grundstück stehenden Hauses gegeben sind.

NOCHMALIGE PRÜFUNG

Das Wissenschaftsministerium, das ersucht wurde, gegen den Beschluß des Wiener Gemeinderates einzuschreiten, erklärte in einer Stellungnahme, daß nach eingehender Prüfung des Wittgenstein-Hauses von seiten des Bundesdenkmalamtes kein Grund für eine Bewahrung des Gebäudes festgestellt werden konnte. Außerdem wird bezweifelt, daß der Bau überhaupt von Wittgenstein stammt. Dennoch hat Wissenschaftsminister Dr. Hertha Firnberg eine nochmalige Prüfung der Schutzwürdigkeit des Gebäudes durch das Bundesdenkmalamt zugesagt.

Die Änderung des Flächenwidmungs- und Bebauungsplans für das Grundstück in der Kundmanngasse war von Gemeinderat Edlinger (SP) mit der Begründung beantragt worden, daß nach Entfernen des Althausbestandes ein modernes Großhotel errichtet werden solle. Dr. Schmidt (FP) begrüßte es, daß dieses Gebiet modernisiert werden solle, meldete jedoch auch Bedenken an, weil das Hotel und ein anschließendes Geschäftszentrum Lärmerreger sein könnten. Dr. Goller (VP) verlangte, daß vor Erteilung der Baubewilligung die Anrainer zu Stellungnahmen eingeladen werden. Der VP-Redner mußte sich von Edlinger belehren lassen, daß die Anrainer zu Bauverhandlungen in jedem Fall eingeladen werden.

Luftbild Aerial view, 1959

Kundmanngasse 19, 1969

EPILOGUE

On the day the site was to be rezoned, which in fact was the final decision to demolish the Wittgenstein House, I confronted the general public with the matter once again in a long, sharply worded article. After all my past experiences it no longer made any sense, as at the beginning of my campaign, to base my argument on the aesthetic quality of the house. In *Die Presse* of June 18, 1971 I presented all factual evidence to expose the lies surrounding the question of Wittgenstein's authorship.

DER NACHRUF

11

Am Tag der Umwidmung, die einem inoffiziellen Abbruchsbescheid des Wittgenstein-Hauses gleichkam, ging ich nochmals mit einem ausführlichen, scharf formulierten Artikel an die Öffentlichkeit. Nach all den Erfahrungen hatte es längst keinen Sinn mehr, wie zu Beginn meiner Kampagne, mit der ästhetischen Qualität des Hauses zu argumentieren. In *Die Presse* vom 18. Juni 1971 versuchte ich mit allem Beweismaterial das Lügengebäude um die Urheberschaft zu Fall zu bringen.

EPILOGUE

Die Presse, Vienna, June 18, 1970

Who is this Wittgenstein anyway?

His building on Kundmanngasse is to be sacrificed to redevelopment

Vienna Festival 1971. Culture in the opera, in the theatre, in the concert hall. Today in the Municipal Council the Wittgenstein House is to be released for demolition. Only a personal intervention by Federal Minister Hertha Firnberg might prevent this.

A long overdue memorial site for Sigmund Freud is proudly opened in the presence of the Federal Chancellor and the Deputy Mayor. Around the same time, the Planning Commission of the Municipal Council approves a redevelopment application providing for the demolition of the building by Wittgenstein – also a son of Austria, who is on equal terms with Freud as regards significance abroad – in order to redevelop the plot of land with a high-rise hotel.

In what is perhaps the most beautiful building in Vienna, the Belvedere, a reconciliation is taking place with the once outcast and later prodigal son Oskar Kokoschka. The exhibition is a hit with the public. The political representatives are giving this now popular son of Austria a great reception. Culture as decoration. OK, the friend of Adolf Loos has been turned into an ornament. Wittgenstein's building is not ornamental. A monument of the intellect will be replaced by hotel bedrooms.

One man, the Head of the Landmarks Preservation Office Vienna, states that the artistic value of the house is just as problematical as Wittgenstein's role – in other words his contribution – in creating the building. The artistic quality is not even on the agenda of discussion in this case. The Head of the Landmarks Preservation Office Vienna does not necessarily have to be capable of judging Wittgenstein's thought and architecture. What is crucial in an assessment of the art-historical significance of this building is its attribution to Wittgenstein:

1. Can an architect do more to document his work officially than to have a stamp and to sign plans? Wittgenstein was active not just as a consultant – as his contribution is now termed in order to justify the tendency towards redevelopment. No consultant puts his signature on submission plans. The stamp "Paul Engelmann and Ludwig Wittgenstein, Architects, Vienna, III, Parkgasse 18" with Wittgenstein's signature was published in the magazine "Bau 1/69".

2. The specialist public in the USA was informed about the building through an article in the leading art periodical "*ARTFORUM* 2/1970". The article, which does not withhold information about the initial collaboration with Paul Engelmann, unambiguously declares Wittgenstein as the one mainly responsible. It is based on a talk with Wittgenstein's nephew and present owner. The latter confirmed the article's statements as correct in writing. Because of the great interest this aroused, the article was reprinted in "London Architectural Design 6/1971."

3. In a statement by word of mouth in Tel Aviv shortly before his death, Paul Engelmann told Prof. G. H. von Wright, Wittgenstein's successor as professor in Cambridge and editor of Wittgenstein's left papers, that the building was to be ascribed to Wittgenstein.

Putting it mildly, the Head of the Landmarks Preservation Office Vienna must face the reproach of naïve credulity when he assures us in a reader's letter in *Die Presse* of 10 March 1970 that there is no danger of demolition, after Wittgenstein's nephew and owner had confirmed in writing that the redevelopment application had already been submitted, a plan aired for years in the Town Hall. Rezoning applications to preserve a detached family house from zoning area I to zoning area V (highrise) are rare.

The Head of the Landmarks Preservation Office Vienna was wrongly informed or simply not informed. But his personal decision against the house smoothed the long path through official bureaucracy. No official challenge on the part of the Municipality of Vienna against the decision of one man has been mooted. How is it possible in such an important issue (measured against the yardstick of Wittgenstein's reputation abroad) that one man should declare that the matter is of no public interest, discussing the matter with the owner who is set upon selling?

Because the building is by Wittgenstein it is a building of extraordinary cultural-historical significance. It does not simply document Wittgenstein's relationship to his family and that of his family to Vienna, but also two years in the life of the world-famous philosopher Ludwig Wittgenstein that were spent preoccupied with building. Its preservation is of fundamental public and indeed international interest. This is stipulated by the laws protecting historical monuments. By denying protection, the Head of the Landmarks Preservation Office Vienna gave indirect permission for demolition. It is in the public interest to note that a Head of the Landmarks Preservation Office Vienna who accuses Wittgenstein of "spleen and cupiditas rerum novarum" is hardly qualified to judge the case objectively.

The rezoning application approved by all planning departments and specialist committees now only lacks the final confirmation of the Vienna Municipal Council. A matter of form. Nothing stands in the way either of the sale of the plot, now increased in value by millions, or of the rebuilding of the site as now being proposed. Nothing stands in the way of the demolition of the Wittgenstein House.

Vienna Festival 1971.   *Bernhard Leitner*

RELEASED FOR DEMOLITION: THE WITTGENSTEIN HOUSE

It will take a small miracle to save a house of cultural and historical significance. The pictures show two details of the house, which is remarkable most of all for its extreme clarity: at the left, the door of the hall leading to the stairway, at top a column with the typical "Wittgenstein capital".

Photos: Leitner

ZUM ABBRUCH FREIGEGEBEN: DAS WITTGENSTEIN-HAUS

Ein Bau von kulturhistorischer Bedeutung könnte nur mehr durch ein halbes Wunder gerettet werden. Die Bilder zeigen zwei Details des Hauses, das sich vor allem durch äußerste Klarheit auszeichnet: links die Tür von der Halle zum Stiegenhaus, oben eine Säule mit typischem „Wittgenstein-Kapitel".

Wer ist schon Wittgenstein?

Sein Bau in der Kundmanngasse soll einer Umwidmung geopfert werden

Wiener Festwochen 1971. Kultur in der Oper, im Theater, im Konzertsaal. Im Gemeinderat wird heute das Wittgenstein-Haus zum Abbruch freigegeben. Nur eine persönliche Intervention von Bundesminister Hertha Firnberg könnte das noch verhindern.

Die überfällige Gedenkstätte für Sigmund Freud wird in Anwesenheit von Bundeskanzler und Vizebürgermeister mit Stolz eröffnet. Der Planungsausschuß des Gemeinderates genehmigt zur gleichen Zeit einen Umwidmungsantrag, der den Abbruch des Baues von Wittgenstein vorsieht — auch ein Sohn Österreichs, der in seiner Bedeutung im Ausland Freud nicht nachsteht —, um das Grundstück mit einem Hotelturm neu zu verbauen.

Im vielleicht schönsten Bau von Wien, im Belvedere, findet die Versöhnung mit dem einst verstoßenen und dann verlorenen Sohn Oskar Kokoschka statt. Die Ausstellung ist ein Publikumserfolg. Die politischen Vertreter empfangen den nun populären Sohn Österreichs. Kultur als Schmuck. OK, der Freund von Adolf Loos, wird zum Ornament. Wittgensteins Bau ist nicht ornamental. Ein Monument des Geistes wird durch Betten ersetzt.

Ein Mann, der Landeskonservator von Wien, stellt fest, daß der künstlerische Wert des Hauses ebenso problematisch sei wie die Rolle, das heißt der Beitrag Wittgensteins zum Bau. Die künstlerische Qualität steht in diesem Fall gar nicht zur Diskussion. Der Landeskonservator von Wien muß nicht in der Lage sein, Wittgensteins Denken und Bauen zu beurteilen. Für die kulturhistorische Bedeutung dieses Baues ist die Tatsache entscheidend, daß er Wittgenstein zuzuschreiben ist:

1. Kann ein Architekt mehr tun, um seine Arbeit offiziell zu dokumentieren, als einen Stempel haben und Pläne unterschreiben? Wittgenstein war nicht nur beratend tätig,

wie seine Arbeit jetzt umwidmungsorientiert genannt wird. Kein Berater setzt seine Unterschrift auf Einreichungspläne. Der Stempel „Paul Engelmann und Ludwig Wittgenstein, Architekten, Wien, III., Parkgasse 18" mit der Unterschrift Wittgensteins wurde im „Bau 1/69" veröffentlicht.

2. Das Fachpublikum in den USA wurde durch einen Artikel in der führenden Kunstzeitschrift „Artforum 2/1970" über den Bau informiert. Der Artikel, der die anfängliche Zusammenarbeit mit Paul Engelmann nicht verschweigt und eindeutig Wittgenstein für hauptverantwortlich erklärt, stützt sich auf Gespräche mit dem Neffen Wittgensteins und jetzigen Besitzer. Der Artikel wurde in seinem Inhalt schriftlich von diesem bestätigt und für richtig erklärt. Auf Grund des großen Interesses wurde der Artikel im „Londoner Architectural Design 6/1971" nachgedruckt.

3. Paul Engelmann erklärte mündlich in Tel Aviv kurz vor seinem Tod dem Nachfolger Wittgensteins als Professor in Cambridge und Herausgeber von Wittgensteins literarischem Nachlaß, Prof. G. H. von Wright, daß der Bau Wittgenstein zuzuschreiben ist:

Dem Landeskonservator von Wien muß bei entgegenkommender Milde naive Gläubigkeit vorgeworfen werden, wenn er in einem Leserbrief an „Die Presse" vom 10. März 1970 versichert, daß keine Abbruchsgefahr besteht, wenn der Neffe Wittgensteins und Besitzer bereits zwei Monate zuvor schriftlich versichert hat, daß der Umwidmungsantrag bereits eingereicht sei, ein Plan, der im Rathaus seit Jahren bekannt war. Umwidmungsanträge von Bauklasse I auf Bauklasse V, um ein Einfamilienhaus zu erhalten, sind selten.

Der Landeskonservator von Wien war falsch oder nicht informiert. Seine persönliche Entscheidung gegen das Haus aber erlaubte es, den

langen Weg der Instanzen zu ebnen. Keine offizielle Infragestellung der Entscheidung eines Mannes seitens der Gemeinde ist bekannt. Wie ist es zu verantworten, daß ein Mann in einer so wichtigen Frage (am Ruf Wittgensteins im Ausland gemessen) das Nichtvorhandensein eines öffentlichen Interesses im Gespräch mit dem verkaufsorientierten Besitzer feststellt?

Da der Bau von Wittgenstein ist, ist er ein Objekt von außerordentlicher kulturhistorischer Bedeutung. Der Bau dokumentiert nicht nur Wittgensteins Beziehung zu seiner Familie und die seiner Familie zu Wien, sondern auch zwei Jahre Beschäftigung mit Bauen im Leben des weltberühmten Philosophen Ludwig Wittgenstein. Seine Erhaltung ist im öffentlichen, und zwar internationalen Interesse. Dies ist eine Forderung des Denkmalschutzes. Der Landeskonservator von Wien hat mit der Verweigerung einer Unterschutzstellung die indirekte Abbruchgenehmigung gegeben. Es ist im öffentlichen Interesse festzuhalten, daß ein Landeskonservator, der Wittgenstein „Spleen und cupiditas rerum novarum" vorwirft, kaum geeignet ist, den Fall fachlich objektiv zu sehen.

Dem von allen Planungsstellen und Fachbeiräten gutgeheißenen Umwidmungsantrag fehlt nur noch die endgültige Bestätigung durch den Wiener Gemeinderat. Eine Formsache. Der Veräußerung des dadurch um Millionenwerte gestiegenen Grundstückes und der jetzt vorgeschlagenen Neuverbauung steht dann nichts mehr im Wege. Auch dem Abbruch des Wittgenstein-Hauses nicht.
Wiener Festwochen 1971.

Bernhard Leitner

Die Presse, Wien, 18. Juni 1970

11

THE CALL
(AUSPICIOUS OCCASION)

Die Presse, Saturday/Sunday, June 19/20, 1971

Town Hall ignores Wittgenstein

Intervention from Minister Firnberg failed

The demolition of the Wittgenstein House on Kundmanngasse (see *Die Presse* of June 17) was resolved by the Municipal Council in its Friday session, against the votes of the FPÖ and DFP. During the discussion there was no mention of the name of the philosopher who built the house together with Paul Engelmann.

Federal Minister Firnberg, after a personal intervention by the architect Bernhard Leitner , endeavored Friday morning to withdraw the re-dedication of the property from the day's agenda. But a withdrawal was not possible for the Municipal Council, for reasons of formality.

Regardless of this fact, however, the worthiness of this building for historic protection will be discussed once more, since Minister Firnberg has ordered a re-investigation by the Office of Landmarks Preservation into the question of the house on Kundmanngasse 19 and its worthiness of historic protection. Since the Head of Vienna's Office of Landmarks Preservation, Pötschner, persists in his viewpoint that the house is not Wittgenstein's work, and denies its worthiness of historic protection, little is to be expected from resuming talks with him.

If the Office of Landmarks Preservation had not reacted to this epilogue, the Wittgenstein House would have been demolished in 1971. Even though I had vehemently questioned the expertise of Dr. Pötschner, I received a call from his office the very same day. It was Friday afternoon. I was asked to come to the Wittgenstein House on Monday, June 21, 1971. Once and for all, Pötschner wanted to end the criticism directed at his far-reaching decision – in front of a small group which had been hastily called together.

DER ANRUF
(EIN GLÜCKSFALL)

Samstag/Sonntag, 19./20. Juni 1971

Rathaus ignoriert Wittgenstein

Intervention von Minister Firnberg gescheitert

Den Abbruch des Wittgenstein-Hauses in der Kundmanngasse (siehe „Die Presse" vom 17. Juni) wurde vom Gemeinderat in seiner Freitagsitzung gegen die Stimmen der FPÖ und DFP beschlossen. Bei der Diskussion fiel der Name des Philosophen, der den Bau gemeinsam mit Paul Engelmann errichtet hat, nicht.

Bundesminister Firnberg hat auf Grund einer Vorsprache des Architekten Bernhard Leitner Freitag früh versucht, eine Absetzung der Umwidmung von der Tagesordnung zu erreichen. Seitens der Gemeinde Wien war jedoch, aus formalen Gründen, eine Absetzung nicht mehr möglich.

Unabhängig von dieser Tatsache aber wird noch einmal über die Schutzwürdigkeit dieses Objekts gesprochen werden, da Minister Firnberg das Bundesdenkmalamt beauftragt hat, erneut die Frage der Schutzwürdigkeit des Hauses Kundmanngasse 19 zu überprüfen. Da der Landeskonservator von Wien, Pötscher, jedoch auf dem Standpunkt steht, daß der Bau nicht von Wittgenstein stamme, und die Schutzwürdigkeit leugnet, ist von der Neuaufnahme der Gespräche mit ihm wenig zu erwarten.

Die Presse, Wien, 19./20. Juni 1971

Hätte das Denkmalamt auf diesen Nachruf nicht reagiert, wäre der Abbruch des Hauses Wittgenstein noch 1971 vollzogen worden. Obwohl ich darin dem Landeskonservator, Dr. Pötschner, die fachliche Kompetenz in dieser Angelegenheit abgesprochen hatte, erhielt ich am selben Tag einen Anruf aus dem Denkmalamt. Es war Freitag nachmittag. Ich wurde für Montag früh, den 21.6.1971, in das Haus Wittgenstein eingeladen. Dort wollte der Landeskonservator, vor einem eilig einberufenen, kleinen Kreis von Personen, die Kritik an seiner folgenschweren Entscheidung endgültig zum Verstummen bringen.

12

THE RALLY

I had to turn the situation around. My strategy was to subvert the event. The house that was not even known to the experts in Vienna had to become a Wittgenstein Forum.

On the weekend I informed the international press and a large number of journalists, writers and architects. Taking it into my own hands, I invited them to the meeting so that they could see the unique interior of the house for themselves – for the first time. Stonborough and Pötschner were both surprised and irritated by the many unwanted guests. The strategy was successful. The quality and striking aesthetics of the building convinced everyone present. Thus, the blind denial of historical facts and aesthetic quality came to end on this day.

On June 21, 1971, it was clear to me that the demolition of the Wittgenstein House had been prevented. It had taken me two years to achieve my goal.

PS: Finally professional groups started to take interest in salvaging one of the most important architectural landmarks of the 20th century. Now they all demanded the monument protection for the Wittgenstein House. That morning was the beginning of a long history of expert opinions, of preservation, of restoration, of disfigurement and dilapidation.

DER AUFRUF

Ich musste die Situation umdrehen. Meine Strategie ging dahin, diese mit Autorität angesetzte Veranstaltung zu unterwandern. Das Haus musste mit Öffentlichkeit gefüllt werden. Das Haus musste ein Wittgenstein-Forum werden.

Über das Wochenende verständigte ich die internationale Presse und lud telefonisch eine große Anzahl von Architekten, Journalisten und Schriftstellern in das Haus ein, die so das einzigartige Innere des Hauses erstmals selbst sehen konnten. Besitzer und Landeskonservator waren über die vielen ungebetenen Gäste sehr verwundert, ganz offensichtlich irritiert. Die Strategie war aufgegangen. Die hohe, eindrucksvolle Ästhetik des Baues überzeugte alle Anwesenden. Die bisherige Privatheit einer großen Baukunst und das offilzielle Negieren einer denkmalwürdigen Qualität, beides wurde an diesem Vormittag beendet.

Damals, am 21. Juni 1971, war mir klar, dass ein Abbruch des Hauses Wittgestein endgültig verhindert war. Das hatte ich nach zwei Jahren erreicht.

PS: Endlich begannen sich auch die Berufsvertretungen für eines der wichtigsten Baudenkmäler des 20. Jahrhunderts zu engagieren: jetzt forderten alle die Rettung des Hauses Wittgenstein. An diesem Vormittag begann die lange Geschichte der vielen Rettungen des Hauses, Begutachtungen, Unterschutzstellung, Wiederherstellungen, Verstümmelungen, Verwahrlosungen.

13

Liste von Architekten, Journalisten überregionaler Zeitungen und Persönlichkeiten des kulturellen Lebens in Wien,
die von Bernhard Leitner am Wochenende des 19./20. Juni 1971 persönlich per Telefon zur Pressekonferenz
in das Wittgenstein Haus am folgenden Montag eingeladen wurden: **21. Juni 1971**

List of architects, journalists of international newspapers and influental personages of Vienna's cultural life, whom
Bernhard Leitner invited personally over the weekend of June 19/20, 1971 per telephone to the press conference
in the Wittgenstein House the following Monday: **June 21, 1971**

Furtl

Bachmann Ingeborg   Berlin W   Roseburg
Berlin   Sonnenfelsp. 3
M. Dreieder   (06 0311 8831385) 52 10 465

                     Christl Wegner
                                          Schindel
christian Wesemann   65 44 124
~~xxxxxxxxxxxxx~~→ 32 42 80   Dornik 65 37 85/
                                                    115
~~xxxxxxxx~~   Engelbert Broda   Waller 94 49 114

       Ing Arnold Karplichy 73 90 372   Uni Team
Ing.N.   ↗   656553
       Fritz Meer   65 39 77   Feuerstein 6 43 104
Prof. Reiner   82 84 853   577307 √
                    56 42 82   737564 at!
                                         Kunert 432427
  n   02i68 450 Bild
       Paulus Aher Prof: Dichter Wittgenstein wiederpredigen 827320
                    Hanna Stricker
           731444   Hohenberg /Ko. 02767201

Mr Mowatt / Schüler W's)
Mr. leiter Dat. European Studies   / Palais Kinsky

                                     Mr. Neustadt 63 8641 / 422
                                              63 67 11
                                     Concordiapl. 1

Halle Hall, 1972

Halle mit Metalltür zum Salon Hall with metal door to the salon, 1972

Fenstertüren zur Terrasse Window doors to the terrace, 1972

Speisezimmer Dining room, 1989

1989

AFTERWORD

"If I had attempted the task in Vienna, the Wittgenstein House would never have been saved!" Thus Bernhard Leitner's retrospective assessment of the situation in a talk between us.

A thirty-year-old idealist – as Leitner is called by one of his opponents, disparagingly but probably also a little admiringly – takes up the challenge to rescue the Wittgenstein House. A fight, which realists and pragmatists in powerful positions in politics and bureaucracy already saw as lost or not even begun. And the young, idealistic architect wins this fight! Against all probability suggested by the culture zeitgeist of the time and the real relationships of power.

And it really is true: those who are insane enough to believe they can change the world do actually change it. And time and again this was and continues to be achieved by the very people who themselves create art, who, despite the ruling conditions, summon up the necessary courage and idealism capable of breaking through the factual realty.

This book is paradigmatic in revealing a society whose cultural awareness was shaped by ignorance and narrow-mindedness all the way to the "upper echelons" of influence. But it also documents the subversive energy of creative intelligence, which generates all the more effectiveness the more it manages to activate networks, to intone surprising chords and counterpointed sequences on the seemingly monopolised instruments of power, and thus to construct a kind of "counter-publicity".

Yet even more important than the documentation of the events in Vienna during the early nineteen-seventies is the fact that in the mirror of history we have to ask ourselves the question as to how dense and resilient the class of intellectual and cultural openness and enlightenment is in our own society today.

Gerald Bast

President
University of Applied Arts Vienna
September 2013

NACHWORT

„Hätte ich das von Wien aus versucht, wäre die Rettung des Wittgenstein-Hauses niemals gelungen!" So schätzte Bernhard Leitner in einem Gespräch mit mir die Situation rückblickend ein.

Ein 30-jähriger Idealist, wie Leitner von einem seiner Kontrahenten abschätzig, aber wohl auch ein wenig bewundernd bezeichnet wird, nimmt den Kampf um die Rettung des Wittgenstein-Hauses auf. Einen Kampf, den die in Politik und Bürokratie tätigen Realisten und Pragmatiker der Macht schon verloren gegeben oder gar nicht erst begonnen hatten. Und der junge, idealistische Architekt gewinnt diesen Kampf! Gegen alle Wahrscheinlichkeit, die aus dem damaligen kulturellen Zeitgeist und den realen Machtverhältnissen spricht.

Ja, es stimmt: Diejenigen, die verrückt genug sind, zu glauben, dass sie die Welt verändern können, verändern sie tatsächlich. Und immer wieder waren und sind es gerade Kunstschaffende, die den herrschenden Verhältnissen zum Trotz diesen Mut zu einem die realen Verhältnisse verrückenden Idealismus aufbringen.

Das hier vorliegende Buch eröffnet exemplarisch den Blick auf eine Gesellschaft, deren kulturelles Bewusstsein bis hinauf in die „höchsten Kreise" geprägt war von Ignoranz und Borniertheit. Es dokumentiert aber auch die subversive Kraft kreativer Intelligenz, die umso mehr Wirkungsmacht entfaltet, je mehr sie es versteht, Netzwerke zu aktivieren, auf den scheinbar monopolisierten Instrumenten der Macht überraschende Akkorde und kontrapunktische Sequenzen zu intonieren und so eine Art „Gegen-Öffentlichkeit" zu konstruieren.

Wichtiger noch als die Dokumentation der Ereignisse im Wien der frühen 1970er-Jahre scheint jedoch, dass im Spiegel der Geschichte auch die Frage auftaucht, wie dick und belastbar eigentlich in unserer heutigen Gesellschaft die Schicht intellektueller und kultureller Offenheit und Aufgeklärtheit ist.

Gerald Bast

Rektor
Universität für angewandte Kunst Wien
September 2013

Saving the Wittgenstein House, 06-1969 – 21-06-1971, wurde auf Anregung und Einladung von Georg Kargl 2011 in der Georg Kargl Box Wien gezeigt. Weiters 2013 im Rahmen der Ausstellung „Four Houses" in der 80 WSE Gallery, New York University, New York.

Saving the Wittgenstein House, 06-1969 – 21-06-1971, was shown at the encouragement and invitation of Georg Kargl in 2011 in the Georg Kargl Box in Vienna, furthermore in 2013 as part of the exhibition "Four Houses" in the 80 WSE Gallery, New York University, New York.

Impressum Imprint

Autor Author
Bernhard Leitner

Lektorat Copyediting
Michael Walch, A-Wien Vienna

Übersetzungen Translations
Abigal Ryan-Prohaska

Grafikdesign Graphic design
Maria-Anna Friedl, Bernhard Leitner

Schrift Typeface
Univers

Druck Printing
Grasl Druck & Neue Medien GmbH, Bad Vöslau

Gedruckt auf säurefreiem, chlorfrei gebleichtem Papier – TCF
Printed on acid-free and chlorine-free bleached paper

Coverbid Cover illustration
Archiv Archive Bernhard Leitner
Wittgenstein Haus Wittgenstein House, 1969

Fotonachweis Photo Credits
Archiv Archive Bernhard Leitner S. pp. 7, 11, 12/13, 16/17, 19, 21, 22/23, 61, 71, 99–101, 117, 135
Archiv Archive Bernhard Leitner / Foto Urban S. pp. 129, 131, 133
Archiv Archive Bernhard Leitner / Foto Kohlweiß S. pp. 136/137
Bundesdenkmalamt Wien Office of Landmarks Preservation Vienna S. pp. 74/75
Landesbildstelle, Wien Vienna, 1959, S. p. 116

© 2013 für die abgebildeten Dokumente bei
for the reproduced documents by Bernhard Leitner

ISBN 978-3-99043-617-2 AMBRA | V

© 2013 Bernhard Leitner und and AMBRA | V
AMBRA | V is part of Medecco Holding GmbH, Vienna
Printed in Austria

Bibliografische Informationen der Deutschen Nationalbibliothek
Die Deutsche Nationalbibliothek verzeichnet diese Publikation in der Deutschen Nationalbibliografie; detaillierte bibliografische Daten sind im Internet über http://dnb.d-nb.de abrufbar.